LUCIEN LAMBEAU

LE
CIMETIÈRE SAINT-GERVAIS
ET SES CHARNIERS

Recherches historiques sur cette nécropole parisienne

Extrait de LA CITÉ

BULLETIN HISTORIQUE DU IVᵉ ARRONDISSEMENT

PARIS

BONVALOT-JOUVE, ÉDITEUR

15, Rue Racine, 15

1907

LE
CIMETIÈRE SAINT-GERVAIS
ET SES CHARNIERS

Tiré à cent exemplaires

n° 59.

L. Lambert

LUCIEN LAMBEAU

LE
CIMETIÈRE SAINT-GERVAIS
ET SES CHARNIERS

Recherches historiques sur cette Nécropole parisienne

Extrait de LA CITÉ

BULLETIN HISTORIQUE DU IVᵉ ARRONDISSEMENT

PARIS

BONVALOT-JOUVE, ÉDITEUR

15, Rue Racine, 15

1907

LE

Cimetière paroissial de St-Gervais

ET SES CHARNIERS

I

Les premières tombes antiques. — Les prétentions de la paroisse de **Saint-Jean**
en Grève sur le cimetière Saint-Gervais. — Les démêlés des deux clergés.
— Les inhumations de l'Hôtel-Dieu-Saint-Gervais

L'existence du cimetière Saint-Gervais se perd dans la nuit des
temps, voire même des temps antiques, puisqu'il continua une vaste
nécropole romaine, qui existait à l'emplacement de l'église, et s'é-
tendait dans ses environs.

Jollois, dans ses *Mémoires sur les antiquités de la France*, nous
apprend, en effet, ou plutôt précise le fait, que la grande voie romaine
de l'Est, qui se dirigeait vers Chelles, et fut, dans Paris, les rues Saint-
Antoine, du Faubourg Saint-Antoine et de Montreuil, était bordée de
tombes dans sa partie qui avoisinait la place de Grève. Des nombreuses trouvailles funéraires faites pendant de longues années dans cette
région, il infère qu'un vaste champ de sépultures existait dans « l'es-

pace compris entre la rue de la Verrerie, la rue du Mouton, la place de Grève, le marché Saint-Jean et l'emplacement de l'église Saint-Gervais. » (1).

En 1612, on releva rue de la Tixeranderie, en face de celle du Mouton, sur l'emplacement de l'ancien hôtel des comtes d'Anjou, deux squelettes entourés d'objets datant des époques de Néron et de Magnentius.

En 1717, au dire de l'abbé Lebeuf, en creusant sur la bordure du cimetière paroissial pour y travailler à des maisons, quelques cercueils de pierre furent rencontrés à plus de douze pieds en terre, « ce qui prouve qu'ils étaient très-anciens » (2).

Peut-être, en effet, ces cercueils avaient-ils été mis en place avant la formation du *monceau Saint-Gervais* ?

En 1818, lors de la pose d'une conduite d'eau rues du Monceau et du Martroy, on releva près de l'Eglise, beaucoup de sarcophages de pierre dont les corps, réduits en poussière, indiquaient une antiquité fort lointaine. Dans l'une de ces tombes était une médaille à l'effigie d'Antonin le Pieux.

Nous ne pensons pas, pourtant, qu'il faille forcément rattacher le petit cimetière paroissial de Saint-Gervais à ce vaste champ de sépultures gallo-romain. Nous le croyons, au contraire, d'origine chrétienne et nous supposons que son établissement dut coïncider avec l'édification, sur ce point, de cette Eglise dont parle l'abbé Lebeuf, — de laquelle il ne reste, d'ailleurs, aucun vestige — et qualifiée de *basilique de Saint-Gervais et Saint-Protais*, dans deux documents auxquels les archéologues rendent les plus grands hommages : *La Vie de Saint-Germain*, évêque de Paris, écrite par Fortunat, le dernier poète latin des Gaules, qui vivait au VIe siècle, et le *Testament de Dame Ermentrude*, daté de l'an 700 et conservé à l'Abbaye de Saint-Denis.

Selon une remarque judicieuse de Jaillot, ce vocable de *basilique*, employé dans les deux documents ci-dessus, impliquerait l'existence, sur le monceau Saint-Gervais, d'une église de grande importance. Nous pensons que, d'après la mode chrétienne, qui groupait jalouse-

1. *Mémoires sur les antiquités de la France*, présentés à l'Académie des Inscriptions et Belles-Lettres, par Jollois, 1843, p. 28.
2. *Histoire de la ville et de tout le diocèse de Paris*. Edition Lebeuf-Cocheris, t. I, p. 315.

ment ses morts autour de ses temples — contrairement à la mode romaine qui les éparpillait hors des villes et le long des routes — la basilique des Saint-Gervais et Saint-Protais attira, dès le commencement de son édification, autour de ses murailles, les sépultures des environs.

L'abbé Lebeuf affirme que l'église en question, vers les VIe et VIIe siècles, était desservie par quelques clercs.

On ne saurait douter qu'à cette époque, la région de la grève était fort peuplée. Il n'y avait là d'autre église que celle de Saint-Gervais pour desservir ses habitants, que les crues de la rivière et le mauvais temps empêchaient de se rendre dans la Cité, par le grand Pont, dont les abords étaient souvent sous les eaux. Saint-Gervais devint donc rapidement une paroisse, par nécessité, par la force des choses, et en vertu du simple bon sens qui fait que l'on se sert de préférence de ce que l'on trouve auprès de soi. Personne, à la vérité, n'a pu indiquer la date de cette érection, mais les historiens reconnaissent que l'église eut sa chapelle baptismale de Saint-Jean-Baptiste dès les temps les plus lointains. Cet organisme semble bien indiquer un fonctionnement régulier et *paroissial* qui comprenait, il n'en faut pas douter, un champ de sépultures.

Sans vouloir rechercher, d'ailleurs, si les commencements du cimetière Saint-Gervais ont quelques liens avec l'érection de l'église en paroisse, nous pouvons dire, après beaucoup d'autres, que cette paroisse existait dès longtemps avant 1212, puisque ce fut au mois de janvier de cette année que Pierre de Nemours, évêque de Paris, en présence de l'augmentation de la population de la rive droite, vers la grève, la divisa en deux parties. La seconde paroisse démembrée de Saint-Gervais, fut celle de Saint-Jean, dont l'église n'était autre que l'ancienne chapelle baptismale de la première (1).

C'est à l'occasion et à l'époque de cette séparation, dit Jaillot, que l'église Saint-Gervais fut reconstruite.

Un inventaire général des chartes et titres de la fabrique de Saint-Jean en Grève, précieux manuscrit du XVIIIe siècle conservé dans les

1. *Recherches critiques sur la ville de Paris*, par Jaillot, t. III, *Q. de la Grève*, pp. 32 et 37.

Archives de l'église Saint-Gervais, nous apprend que les paroissiens de Saint-Jean prétendaient avoir le droit de se faire inhumer dans le cimetière Saint-Gervais. Ils basaient leurs prétentions sur le fait que, entre la date de l'érection de leur église en cure, en l'année 1212, jusqu'au 16 mai 1393, époque où Charles VI leur donna une partie de l'emplacement de l'hôtel de Pierre de Craon, rue des Mauvais-Garçons, pour y établir un cimetière spécial (1), il n'y avait eu pour les deux paroisses qu'un champ commun de sépultures, celui de Saint-Gervais. Or, les paroissiens de Saint-Jean, dont les ancêtres étaient inhumés dans ce dernier cimetière, arguaient de ce fait pour prétendre au droit d'être enterrés auprès d'eux.

Cette prétention, qui paraîtra peut-être bien subtile et quelque peu exagérée, engendra, est-il besoin de le dire, de nombreux conflits entre les ecclésiastiques des deux paroisses. D'autant que les prêtres de Saint-Jean revendiquaient aussi le droit, et ne voulaient pas en démordre, de présenter eux-mêmes leurs paroissiens décédés au dit cimetière Saint-Gervais, sans l'assistance du clergé de cette paroisse.

En 1563, après un scandale occasionné par des obsèques de cette nature, une action fut introduite au Châtelet de Paris, lequel rendit une sentence, le 17 novembre de cette même année, maintenant à la paroisse de Saint-Jean « possession et saisine de faire inhumer corps morts au d. cimetière Saint-Gervais, galleries ou charniers joignant iceluy, sans que les d. marguilliers, curé ou vicaire et habitués, soient aucunement tenus de demander congé, licence, assistance n'y faire présentation ou d. curé ou vicaire de Saint-Gervais... » (2).

Le 26 octobre 1585, une autre sentence du Châtelet intervint encore pour confirmer les droits de la paroisse Saint-Jean. Seulement, afin de faire cesser le scandale qui se produisait généralement aux enterrements, la sentence ordonnait que le commissaire du quartier assisterait, avec main forte, à chacune des inhumations contestées !

D'autres arrêts dans ce sens furent encore rendus les 17 mars 1587 et 9 mai 1591. Dans un cas, pourtant, arrivé en 1685, ce fut le curé de

1. Le cimetière Saint-Jean est devenu dans la suite le marché Saint-Jean. C'est à peu près aujourd'hui la partie de la rue Bourg-Tibourg comprise entre la rue de Rivoli et la rue de la Verrerie.

2. On trouvera la pièce *in extenso* dans nos annexes.

Saint-Gervais qui reçut et enterra un paroissien de Saint-Jean, que les prêtres de cette église lui avaient présenté.

C'est pour toutes ces raisons, dit en terminant le manuscrit en question, que le clergé de la paroisse Saint-Jean va tous les ans, le jour des Rameaux, en procession au cimetière Saint Gervais.

De son côté, Jaillot prétend que les lettres de Pierre de Nemours, évêque de Paris, datées de 1212, enjoignaient aux prêtres de Saint-Jean de s'y transporter également en corps, le jour des Morts (1).

Les souvenirs laissés par la petite nécropole de Saint-Gervais, ne sont pas assurément fort nombreux et l'on peut constater à son égard, comme à l'égard des champs de repos des autres églises parisiennes, que les historiens anciens ne se sont pas souciés d'en rechercher les origines, ni d'en enregister les développements. Signalons, pourtant, afin d'appuyer sa lointaine existence, la mention qu'en fait un mémoire que l'on trouvera aux annexes, daté de 1763, et émanant de la fabrique : « Il paroit que l'on a enterré de tems immémorial dans le dit cimetière, et vraisemblablement aussy anciennement qu'il y a que l'église subsiste. »

Une autre attestation de son antiquité est aussi la trouvaille faite, le 25 juin 1847, lors de l'abaissement de 1 m. 40 centimètres du sol de la rue de l'Orme-Saint-Gervais, et de l'édification du grand perron du pourtour, d'une tombe, aujourd'hui au musée de Cluny, portant quelques traces de gravure et paraissant dater du xiiie siècle. D'autres sarcophages en plâtre et en pierre, mais ne datant que des xve et xvie siècles, furent également trouvés à la même date (2).

Nous voyons aussi dans Jacques du Breul, que, par contrat du 21 mai 1349, les marguilliers de Saint-Gervais cédèrent à la famille de Pacy : « une place séante du costé devers l'hostel Dieu Sainct-Gervais, appelé *le Petit Cimetière*, joignant à l'église, est à la maison du costé qui estoit sur l'allée de la porte Bauldoier, appartenant à l'œuvre de la Marguillerie » (3).

L'acte lui-même se trouve dans les *Titres de la chapelle de Pacy*,

1. *Recherches critiques sur la Ville de Paris*, par Jaillot, t. III, q. de la Grève, p. 39.
2. *Histoire du diocèse de Paris*, par l'abbé Lebeuf. Edition Cocheris, t. I, p. 346.
3. *Le Théâtre des Antiquités de Paris*, par Jacques du Breul, 1612, p. 310.

manuscrits conservés à la Bibliothèque historique de la Ville, sous le numéro 28.400. On y constate une légère variante avec le texte de du Breul : « Par acte du jour de l'Ascension 21 may 1349, les marguilliers de Saint-Gervais ont vendu pour toujours et à perpétuité à Jean de Pacy, seigneur de Bry-sur-Marne et à Jacques Pacy, son frère, une place étant du côté de l'hôtel-Dieu Saint-Gervais, appelée le Petit-Cimetière, joignant à l'Eglise et à la maison d'à côté et l'allée dessous, par où l'on vient de la porte Baudoier à l'Eglise Saint-Gervais, pour y faire édifier une chapelle... »

L'hostel-Dieu Sainct-Gervais ou hôpital Sainte-Anastase, était situé au nord de l'Eglise, vers le portail, à l'endroit où se trouve à peu près aujourd'hui la partie sud-est de la Caserne Napoléon. Cette place, dite du *Petit Cimetière*, était donc probablement prélevée sur l'ensemble du Cimetière paroissial, dont la limite, au nord, était, en l'an 1300, *la rue du Cimetière*, devenue depuis la rue du Pourtour, et ensuite la rue François-Miron.

Le fonds de l'ancien hôpital de Sainte Anastase, dit de Saint-Gervais, que possédaient les Archives de l'Assistance Publique, a été, malheureusement, détruit en entier par l'incendie de 1871. Nous y eussions trouvé des renseignements sans doute fort intéressants concernant le cimetière et qui ne sont qu'analysés sommairement dans les inventaires de l'archiviste Brièle.

De ces renseignements, néanmoins, nous croyons pouvoir déduire que ledit hôpital, qui touchait presque à l'église, avait obtenu la concession d'un champ de sépultures particulier dans le cimetière paroissial Saint-Gervais. Sur un inventaire des biens de « l'hostel-Dieu Sainct-Gervais » on lit, en effet, la mention suivante :

« Une lettre de franchise touchant le cymetière Sainct-Gervais donne par Gaultier, roi de france (*sic*) audit hospital Saint-Gervais scellés du scel royal pendu a ung las de soye jaune dactée de l'an mil cent LXXIX. » (1).

Nous ne savons, à la vérité, quel put bien être ce *Gaultier*, roi de France, qui vivait dans la dernière année du règne de Louis VII

---

1. *Archives hospitalières antérieures à 1790.* Fonds de l'hôpital Sainte-Anastase, dit de Saint-Gervais, par Brièle, t. III, p. 363, n° 153.

dit *le Jeune*, et que Brièle a souligné d'un *sic;* mais ce que nous retenons de la mention c'est que le cimetière de Saint-Gervais existait déjà en l'année 1179 et que l'hôpital Sainte-Anastase y possédait un droit de franchise, c'est-à-dire, vraisemblablement, un droit d'y faire des inhumations.

Il nous semble bien, aussi, que cette franchise se trouve confirmée par la sentence du Prévôt de Paris, datée de 1520, qui maintient l'hôpital dans le droit d'entretenir un fossoyeur au cimetière de la paroisse Saint-Gervais, lequel fossoyeur pouvait fournir des cercueils pour les inhumations.

L'inventaire de Brièle, d'ailleurs, contient plusieurs mentions le concernant et qui montrent qu'il avait ses ressources propres : Pour les années 1388 et 1404 : « Compte-rendu par frère Denis Raoul. Receptes des revenus du cimetière et de la chapelle du dit hostel. »

En 1476 : « compte que rend Jacques de Marchières de la revenue des troncs et boestes du dit hostel Dieu et aussi de la revenue du cymetière appartenant à iceluy hostel Dieu assis près l'église Saint-Gervais. »

Nous croyons donc pouvoir formuler cette hypothèse que la nécropole de l'hôpital Saint-Gervais était une parcelle du cimetière paroissial.

Ainsi s'expliquerait cet office de fossoyeur que les religieuses de Saint-Gervais étaient autorisées à y maintenir, ainsi s'expliqueraient également les mots ci-dessus disant que le cimetière de l'hôpital était assis près l'église Saint-Gervais.

Voici, d'ailleurs, une preuve qui nous paraît plus convaincante encore :

« Le dernier jour de mars que Bertrand Gouverneur, savetier, fut commis à faire les fosses du dit cymetière (celui de l'hôpital) aussi comme le dit Bertrand ouvroit une fosse pour ung enfant, Nicolas Crespin et Pierre Dumoulin, maregliers de la dite église, accompaignez d'un sergent à verge et grosse multitude de paroissiens, vindrent au dit Bertrand et luy osterent sa paelle et son pic a force et luy feirent deffense de besongner ou dit cimetière et baillerent en garde de par le Roy au cordier de la porte, la dicte paelle et pic. »

Il est certain que nous assistons ici à une scène de contestation entre la fabrique de l'Eglise et l'hôpital, que l'on peut reconstituer facilement :

Bertand Gouverneur, savetier, est commis par les religieuses pour creuser une fosse ; la fabrique, qui ne le reconnaît pas comme le fossoyeur accrédité, envoie deux marguilliers pour l'expulser.

Les mêmes raisons se retrouvent dans le petit drame ci-après :

« Le dimanche premier jour de mars que Nicolas Crespin et Pierre du Moulin, marguilliers, menèrent Augustin Françoys et Raoulin Vaguet pour porter le corps de la femme Guillot Drouyn et baillerent le coffre de fait et de force tellement qu'il advint que le dict Augustin bailla d'un levier a Robert Grantere, serviteur de nostre fossoyeur, et labastist a terre et lui fist grant playe... »

Ces deux histoires se passent entre 1514 et 1517.

Celui qui a écrit le document dont Brièle a tiré ce dernier extrait, appartient certainement à l'hôpital Saint-Gervais, puisqu'il émane de ses archives ; par conséquent Robert Grantère est le serviteur du fossoyeur des religieuses. Donc, le coup de levier qu'il reçoit de l'un des porteurs des marguilliers de l'Eglise, est encore le résultat d'une contestation, d'une revendication entre la fabrique, qui possède la totalité du cimetière paroissial, et l'hôpital Saint-Gervais qui n'a des droits que sur une partie.

Nous trouvons même la preuve, en 1522 et 1523, qu'un procès exista, pour cette raison, entre les directeurs ecclésiastiques de l'hôtel-Dieu Saint-Gervais et la paroisse :

« Des marregliers de leuvre et fabricque de leglise saint Gervais, XL livres tournois, receue sur et tant moings de la somme de IIᵉ, II, X, s. t, qu'ils devoient de despens tauxez pour raison du proces intanté a lencontre deulx par les predecesseurs maistres du dit hospital pour raison du cimetière et des chappelles édiffiées de neuf en la dicte église. »

Nous ajouterons que, tous les ans, le jour de Pâques, les religieuses de l'hôpital avaient le droit de pratiquer des oblations sous les charniers du cimetière Saint-Gervais, d'y exposer des reliques et d'y faire des quêtes. Elles jouissaient encore de ce droit dans les années

1667-1672, alors, pourtant, qu'elles avaient pris possession de l'hôtel d'O, rue Vieille-du-Temple, depuis, le 10 avril 1657 (1).

Nous devons mentionner, pourtant, que, en dehors de cette partie dont les religieuses bénéficiaient dans le cimetière paroissial, l'hôpital possédait un petit champ de repos particulier, dans le pourpris de ses bâtiments et proche de son église. Nous en trouvons la preuve dans l'Epitaphier que possède la Bibliothèque historique de la Ville et qui donne le texte d'une inscription funéraire relevée sur une tombe placée au *milieu du cimetière* situé autour de l'église de l'hôpital Saint-Gervais : « cy gist noble homme Mre Simon Amer, Seigneur de Villebon, Play et Pleignc, qui trespassa en son hostel à Paris, le 22 janvier 1508. Priès Dieu pour lui. » (2).

II

La clôture du cimetière. — Les étaux et le marché aux alentours pendant les XIVe et XVe siècles. — Les premières échoppes de 1477. — Construction des maisons fabriciennes en bordure du cimetière. — Balcons en fer forgé et Orme Saint-Gervais.

Le géographe Jaillot, auteur consciencieux et bien renseigné, prétend que vers l'an 1300 le cimetière Saint-Gervais s'étendait jusqu'à la place Baudoyer. Nous n'avons rien trouvé pour contrôler son assertion, mais nous pouvons ajouter, de notre côté, que vers le dernier quart du XIVe siècle, il était déjà clos de murs contre lesquels s'appuyaient des étaux à vendre des poissons, des fruits, de la viande et autres denrées. Ces étaux indiquaient certainement l'existence, en cet endroit, désigné dans les actes du temps sous le nom *d'apport Baudoyer*, d'un marché bien achalandé.

1. Archives Hospitalières antérieures à 1790. *Fonds de l'hôpital Sainte-Anastase, dit de Saint-Gervais, par Brièle*, t. III, p. 341, n°s 63, 86, 94. 110, 119, 121, 137.
2. *Tombeaux et épitaphes des personnes illustres, nobles et autres inhumées dans les églises de la Ville et des faubourgs de Paris*, t. I, p. 429 (Manuscrit de la Bibliothèque Saint-Fargeau, n° 11479).

Un titre de la Prévôté de Paris, du 17 septembre 1374, vend aux marguilliers de la fabrique un étal à regrattier assis à la porte Baudoyer, attenant aux murs du cimetière de Saint-Gervais, à côté des étaux à vendre poissons, tenus par Guillaume Caire, poissonnier d'eau douce.

Un mandement du roi Charles VI, du 17 février 1384, loue à bail un étal à vendre fruits, à Etienne Chève, séant à la porte Baudoyer, attaché et joint aux murs du cimetière Saint-Gervais, tenu auparavant par Laurent Chaveau et Gillette, sa femme.

Le 13 décembre 1394, par mandement de Jehan de La Folie, receveur et voyer de Paris, il est loué à vie à Robert Petit, clerc, et Emery, son fils, un étal assis contre les murs du cimetière Saint-Gervais, le premier qui fait le coin où l'on vend le poisson d'eau douce, moyennant trois sols de rente payables à la Toussaint, à la Chandeleur et à l'Ascension.

Des lettres du Roi, du 25 mai 1395, il résulte que les marguilliers de la fabrique obtiennent en location perpétuelle, moyennant trois sols parisis de rente, un étal à vendre fruits, tenant aux murs du cimetière de l'église, et oc-

Ancienne église St-Gervais

cupé par Guillaume Dubois, sergent d'armes et trompette du Roi.

Il est certain que ces divers étaux, plus ou moins proprement tenus, doivent porter préjudice à la fabrique qui essaie, ou de les louer pour son compte, ou de les acquérir. On voit, dans un acte de la Prévôté de Paris, du 23 septembre 1400, que les marguilliers commencent à revendiquer la propriété du mur de leur cimetière et à se plaindre que les étaux y sont scellés de fer : « ce qui ne devroit pas estre ». Ils obtiennent, par le même acte, l'autorisation de construire des char- niers pour mettre les ossements des trépassés, vers les étaux à poisson d'eau douce, non loin d'une maison neuve appartenant à la fabrique, près de la porte Baudet et de la rue des Barres (1).

On retrouve l'indication de cette maison neuve dans un manuscrit daté de 1473, analysé par M. Fernand Bournon, et duquel il résulte que les marguilliers « de l'église Monseigneur Sainct-Gervais » sollicitent d'obtenir à bail des places à « commencer depuys une maison nommée la maison neufve appartenant à la dicte église de Sainct-Gervais et faisant le coing de la rue des Barres jusques à la porte de la dicte église qui est devant l'ostel-Dieu appelé l'ostel-Dieu Sainct-Gervais. »

Dans le manuscrit cité par M. Bournon, les marguilliers faisaient connaître que leur cimetière était vaste, commode et situé au cœur de la ville. Malheureusement, il était entouré d'échoppes, d'étaux à poissons et à volailles, de boucheries, répandant de mauvaises odeurs et encombrant les environs de détritus : ces échoppes étaient aussi habitées par « des gens de menus estas » qui ne se gênaient guère pour lancer dans le champ de repos des immondices aussi divers qu'abondants, au « grand esclandre » de la dignité de l'église et au grand préjudice des bénéfices de la fabrique. Le cimetière, en effet, était de ce fait, de plus en plus délaissé par les notables personnes susceptibles d'y élever « des ouvrages, charniers et autres édifications ».

Le bail sollicité fut accordé moyennant le paiement d'une rente de 22 livres parisis (2).

On comprendra aisément le but de la fabrique, en demandant l'aliénation, à son profit, de tout le terrain occupé par les divers étaux, depuis la rue des Barres jusqu'au portail de l'Eglise. Il était de faire disparaître ces échoppes hétéroclites, malsaines et encombrantes, et de les remplacer par des constructions lui appartenant, qu'elle pourrait louer à sa convenance, et qui clôtureraient d'une façon décente le cimetière paroissial du côté du nord.

Les marguilliers de la paroisse furent mis en possession, par un acte d'ensaisinement dressé par Pierre Régnier, examinateur au Châtelet de Paris, du 18 janvier 1474. Dans ce document, le dit Régnier

1. Archives Nationales, S. 3359.
2. *Rectifications et additions à l'Histoire de Paris de l'Abbé Lebeuf*, par F. Bournon, p. 56.

fait connaître au prévôt de Paris qu'il vient de visiter, avec Guy Monceau, l'un des Marguilliers, et Pierre Bezon, procureur accrédité, les édifices et places situés au long du cimetière de la dite église, depuis la maison neuve du coin de la rue des Barres jusqu'à la porte située devant l'Hôtel-Dieu Saint-Gervais.

La visite commença par trois *hériquets* (1) joignant à l'hôtel neuf ou maison neuve, qui appartenaient à feu Jean de Compiègne, dit *malhonneste*, et que tenait Ysabeau, sa veuve. Cette dernière s'opposa à la prise de possession de ces échoppes par la fabrique, et se vit assigner devant le prévôt de Paris pour expliquer les causes de son refus.

La visite continua par l'hériquet suivant, tenu par la femme de Jehan Jauvelet, séparée de son mari, qui déclara le tenir en louage de Pierre Dupuy, et qui consentit à quitter les lieux.

Ensuite, trois autres échoppes, où se trouvait le nommé Jehan Thibault, savetier, qui déclara en être propriétaire et ne pas faire d'opposition à leur cession à la fabrique.

Vint après un autre hériquet, tenu par Denise, femme de Guillaume Jehan, vendant des fruits. Ces derniers le possèdent par louage à vie, et ne feront pas d'opposition à sa remise.

Un autre hériquet, joignant et tenant au précédent, tenu par Perrette, femme de Gilbert Genest, vendant du fruit. Ils font connaître que la boutique appartient à Jacquelin, qui la leur loue, et assurent qu'ils acceptent l'abandon à la fabrique.

Deux échoppes, ensuite, tenant et joignant, sont occupées par Nicolas Lusson, bourrelier, qui y fait son métier, et sa femme qui vend du fruit. Ces deux hériquets appartiennent à Pierre Le Vigneron, marchand drapier, qui consent à la cession.

En suivant, se trouvent deux autres hériquets, le premier tenu par Durand Moynier, savetier ; le second, par Jéhanne, femme de Pierre La Grive, fripière. Ils appartiennent à Guillaume Monceau, qui fera connaître son avis.

Ensuite, trois hériquets en façon de maison, tenant aux précédents, occupés par Jacquet Rogeret, épicier, lui appartenant, et déclarant ne pas faire opposition à leur cession à la fabrique.

1. *Hériquet :* Cahute, baraque, échoppe, boutique,

La visite se termina, enfin, par quelques échoppes allant des trois dernières à la porte de l'Hôtel-Dieu Saint-Gervais et appartenant à la cure.

Lesquels lieux et hériquets, Pierre Régnier, examinateur au Châtelet de Paris, remit en la possession et saisine desdits marguilliers, pour en jouir au nom de ladite paroisse, aux conditions et charges indiquées dans les lettres de donation.

Il fallut une bulle du pape Sixte IV, datée du 30 septembre 1475, pour permettre à l'Eglise d'édifier des maisons sur une partie, sur la bordure, du cimetière paroissial, lieu saint et consacré. Dans ce document manuscrit, conservé aux Archives Nationales, le Pontife rappelle qu'il a reçu une pétition des marguilliers de l'Eglise de Saint-Gervais et Saint-Prothais de Paris, lui faisant connaître que, dans ladite Eglise, les offices ne pourront plus, à l'avenir, être célébrés comme dans les Eglises cathédrales et collégiales, en raison des trop minces ressources de la fabrique ; qu'un moyen s'offre de procurer une augmentation des revenus en autorisant ladite église d'élever autour de son cimetière paroissial, comme la chose s'est faite au cimetière des Saints-Innocents et dans d'autres de Paris, des maisons que construirait la fabrique et qu'elle louerait à des particuliers.

En conséquence, et voulant donner des marques de sa bienveillance aux serviteurs de Dieu, désireux de faire tout le possible pour assurer plus d'éclat au service du culte, cédant aux prières des marguilliers de la dite Eglise, le pape Sixte IV. autorisait la construction et la location sollicitées, pour les revenus, être employés à l'utilité de la fabrique et à la célébration des offices divins.

Cette Bulle fut donnée à Saint Pierre de Rome, l'an du Seigneur 1475, la veille des calendes d'octobre, la cinquième année de son pontificat.

Nous ajouterons que les maisons mirent quelque temps à s'élever, puisque, le 4 juin 1477, il était encore donné, par le maître des œuvres de maçonnerie de la Ville, l'alignement pour trois de ces maisons, à édifier au long de la porte Baudoyer et contre les murs du dit Cimetière (1).

1. Archives Nationales. S. 3359.
Je dois à la complaisance et à l'érudition de M. Lucien Lazard, archiviste-paléogra-

C'est donc à partir de ce moment que la petite nécropole est décemment et régulièrement clôturée, et qu'elle prend la forme triangulaire qu'elle a conservée ensuite : le côté nord étant celui que nous venons d'indiquer sur la rue du Pourtour, le côté sud, formé par l'église, et le côté est par la rue des Barres.

C'est ainsi qu'on la trouve représentée sur le plan de Paris de 1530, par Georges Braun, où ses croix sont parfaitement visibles ainsi que les maisons qui la bordent.

Le plan de Bâle, 1552, montre, vers la rue des Barres, un long bâtiment comportant des travées, et qui n'est autre que celui affecté aux charniers ; deux croix sont plantées au milieu du terrain, et le long de la place Baudoyer, se voient les maisons, alors irrégulières, qui le limitent au nord.

Nous signalerons aussi que, dans le plan de Saint-Victor, 1555, les charniers sont encore plus apparents sur la rue des Barres, que dans le précédent.

La petite porte actuelle, qui existe à main droite de l'église, est déjà indiquée dans celui de Mathieu Mérian, daté de 1615, comme aussi dans le plan cavalier de Turgot, 1734-1739, qui montre les hautes maisons fabriciennes, toutes neuves alors, plantées le long de la rue du Pourtour et retournant sur la rue des Barres.

Les maisons dont il vient d'être question, édifiées vers 1477 en bordure du cimetière, sur la rue du Pourtour, fournirent une carrière de 255 ans, environ. En 1732 elles tombaient en ruine et la fabrique dut se préoccuper de les faire démolir et remplacer par de plus solides, de plus vastes, de plus productives : Ce sont celles qui existent encore aujourd'hui.

Un court historique de ces derniers immeubles ne sera pas déplacé dans cette étude.

L'œuvre et fabrique de Saint-Gervais, par sa délibération du 25 septembre 1732, donna pouvoir aux marguilliers d'emprunter une somme de 99.700 livres pour la démolition des petites maisons qui bordaient le Cimetière, le long de la rue du Pourtour et de la rue

phe, archiviste-adjoint du département de la Seine, d'avoir pu déchiffrer les manuscrits dont il vient d'être question. Je lui en adresse ici mes plus sincères remerciements. LL.

des Barres, et pour la reconstruction, sur place, d'autres maisons plus vastes et plus salubres. L'arrêt du Parlement, en date du 19 mars 1733, autorisa l'église à contracter cet emprunt ; les marchés furent passés avec les entrepreneurs le 19 mai suivant et la conduite des travaux confiée à Varenne, architecte de la paroisse.

En ce qui concerne la démolition des premières petites maisons de 1477, l'arrêt du Conseil d'Etat, du 21 avril 1733, s'exprime ainsi à leur égard, en même temps qu'il en autorise la destruction :

« ... Plusieurs petits corps de logis attenant les uns aux autres, qui appartiennent à la dite fabrique, scitués place Baudoyer et rue du Pourtour, qui sont composés partye de deux étages quarrés au-dessus de celuy du rez-de-chaussée, étages lambrissés et grenier, et l'autre partye d'un étage quarré seulement au-dessus de celuy du rez-de-chaussée, étage lambrissé et grenier ; sont si anciens et dans un si mauvais état que par sentence du Bureau des finances du 7 may 1732 ils ont esté (les marguilliers) condamnés à les démolir... »

Jacques Piretouy, doyen des architectes jurés du Roi, expert et bourgeois de Paris, fut chargé d'examiner les plans et de visiter les anciennes maisons à jeter bas. Dans son procès-verbal du 10 janvier 1733, on voit que ces maisons, au nombre de neuf, étaient adossées aux charniers qui longeaient alors la rue du Pourtour ; il en donne ainsi la description :

« Plus nous avons trouvé que la face des dites maisons du costé du Cimetière est construite en la hauteur de l'étage du rez-de-chaussée avec piédroits et ceintres de pierre formant des fausses arcades avec vitraux pour éclairer les charniers et qu'au-dessus est érigé un pan de bois dont la maçonnerie est simple et les bois apparents de part et d'autre... »

C'est bien là une description qui montre ce qu'étaient les charniers du cimetière. Ils avaient vraisemblablement été édifiés en même temps que les maisons construites en 1477 dont il a été question, et constituaient une suite d'arcades cintrées avec vitraux.

Piretouy constate que tous ces bâtiments tombent de vétusté et doivent être démolis de fond en comble.

Nous apprenons aussi par ce procès-verbal, que le cimetière Saint-Gervais avait deux portes d'accès : l'une, dite porte des charniers, était percée dans la première maison de la place Baudoyer, au coin de la rue des Barres, visible dans le plan de Jean Delagrive daté de 1728, et l'autre, dans la dernière maison du pourtour, près du portail de l'église.

Ces deux entrées sont encore mentionnées dans une quittance du 4 avril 1735 :

«.... Le sieur Barbier a reçu desd. sieurs marguilliers entre les mains du Sr Dubois, son receveur, par les mains du Sr Bigot, marguillier comptable, la somme de quatre mille trois cent soixantequinze livres à compte des droits d'amortissement deus à cause des batimens neufs que lad. fabrique a fait reconstruire rue du Pourtour St-Gervais, place Baudoyer, depuis la porte du Cimetière de ad. église, jusqu'à la porte des Charniers donnant sur la place Baudoyer.... »

Nous trouvons également dans les constatations de Piretouy, que les nouvelles maisons à construire prendront la place et par conséquent supprimeront les anciens charniers longeant la rue du Pourtour. Il nous indique, de plus, que, dans le plan que lui soumet l'architecte Varenne, les nouveaux bâtiments à édifier auront en profondeur : « toute celle que contiennent ceux actuellement existant, la largeur entière des charniers au derrière, l'espoisseur du mur de face vers le cimetière, et cinq pieds qui anticipent sur iceluy, en sorte que lesdites maisons et batimens auront suivant lesdits plans, vingt-cinq pieds de profondeur hors œuvre... »

Cette édification supprimera la porte des Charniers de la place Baudoyer ; une seule entrée sera réservée dans la dernière maison près du portail de l'église qui comprendra : « au rez-de-chaussée, deux petites boutiques au derrière desquelles sera un passage pour communiquer de la rue au cimetière... » (1)

On trouvera dans nos pièces justificatives, d'après les papiers terriers du roi, de 1700, la désignation complète, avec les noms et les métiers, des personnes qui habitaient les petites boutiques du xve siècle, avant leur démolition.

1. Archives nationales. S. 3359-3360.

Comme rapprochement, nous reproduisons ici la liste des occupants des nouvelles, en 1789 :

Première boutique, rue du Pourtour, du côté de l'église, louée à Genest, acteur du spectacle des Variétés, au Palais-Royal. *Deuxième boutique,* louée au Sʳ Paulmier, Mᵉ Chapelier. Un appartement de cette maison est habité par le célèbre M. Couprin, organiste de la fabrique, qu'il occupe sans payer de loyer et qu'il cumule avec ses 464 livres d'appointements annuels. *Troisième boutique,* louée au Sʳ Carré, Mᵉ Cordonnier. *Quatrième boutique,* louée au Sʳ Bachelier, Mᵉ Luthier. *Cinquième boutique,* louée au Sʳ Merra, Mᵉ Vitrier. *Sixième boutique,* louée au Sʳ Chouillou, Mᵉ Parfumeur. *Septième boutique,* louée au Sʳ Eichenger, Mᵉ Cordonnier. *Huitième boutique,* louée au Sʳ Raffin, Marchand Mercier. *Neuvième et dixième boutiques,* louées à Mᵐᵉ veuve Gombault, femme du marguillier Gombault, ancien Marchand Orfèvre.

Il y a aussi, près du portail, deux échoppes dont l'une est louée à un écrivain public et l'autre abandonnée au premier bedeau (1).

Signalons une coutume curieuse, en vigueur sous l'ancien régime, pour la location de ces maisons : Les baux ne pouvaient être passés qu'après trois publications au prône, de huitaine en huitaine, dont un certificat devait être donné afin d'annexion à la minute du bail (2).

Que devinrent ces immeubles pendant la Révolution ? Quelques-uns furent vendus comme biens nationaux, même avec des portions du cimetière, tel celui de Mᵐᵉ Gombault, acquis par Nicolas Roussel, le 14 messidor an IV, lequel, également « achète une portion du cy-devant cimetière Sᵗ-Gervais, tenant par derrière à une maison sise rue du Pourtour Sᵗ-Gervais et place Baudoyer, provenant de la fabrique Sᵗ-Gervais et occupée par la veuve Gombault, orphèvre. » Parmi les autres, certains furent loués par la commune à des particuliers, en vertu des lois du 18 juin 1790 et

1. Compte de la paroisse Saint-Gervais pour 1789, Archives Nationales. H. 4418³.

2. Règlement du 17 mars 1748, pour l'œuvre et fabrique de Saint-Gervais et Saint-Prothais. Imp. Gissey, rue de la Vieille-Bouclerie (Archives nationales, L. 651).

2

19 août 1791 qui conféraient aux municipalités l'administration des revenus et des biens des fabriques (1).

Sur le plan de Jacoubet, 1836, le long bâtiment de la rue du Pourtour est divisé en six maisons, portant, à partir de l'église ou de la porte du cimetière, le bizarre numérotage suivant : 4, 6, 8, 2, 4, 6. Ce numéro 6 forme le coin de la rue des Barres ; en retournant dans cette rue, les maisons limitant le cimetière étaient numérotées, 17, 15, 13.

Aujourd'hui, la dite porte est numérotée 2 et les maisons en

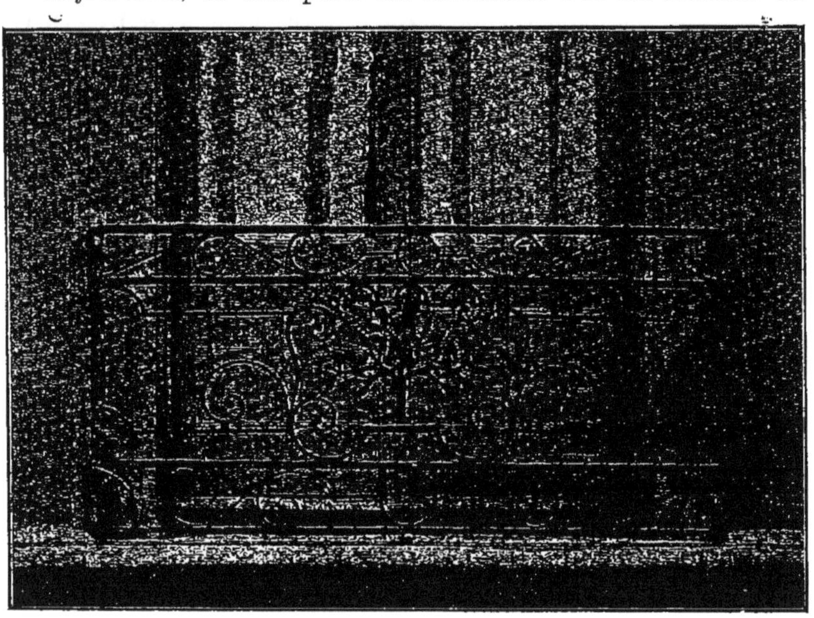

Appui de fenêtre avec l'orme Saint-Gervais.

suivant : 4, 6, 8, 10, 12, 14. L'immeuble qui possède ce dernier numéro forme le coin de la rue des Barres ; c'est une maison plus cossue que les autres, les fenêtres sont plus hautes et plus larges, elle possède un beau balcon en fer forgé au premier étage, décoré de l'orme symbolique dont nous parlons plus loin. Toutes ces maisons fabriciennes comptent trois étages et un entresol, cha-

1. Les Archives de la Seine possèdent un dossier de ces diverses locations, section du Domaine, carton 1391, dossier 2843.

que étage éclairé de cinq fenêtres et l'entresol de deux baies cintrées. Le numéro 14 ne possède que trois fenêtres de façade. Des immeubles semblables existent sur le retour de la rue des Barres où ils portent les numéros 17, 15, 13.

Une particularité peu connue concernant ces maisons, est la forme des balcons en fer forgé qui décorent les fenêtres de leur premier étage. Ils montrent, en effet, dans leur motif central, l'*orme de Saint-Gervais*, qui déploie ses ramures curieusement ouvragées, lequel est, on le sait, la marque distinctive, les armes parlantes de la paroisse. Le marché du 19 mai 1733 pour la construction des dites maisons, nous apprend que ces ferronneries avaient été exécutées par Jean-Baptiste Bouillot, maître serrurier à Paris (1).

Le petit Musée de la Société historique du IVe arrondissenent *La Cité*, installé dans une salle de la mairie, possède une curieuse plaque de cheminée en fonte provenant probablement d'une maison fabricienne. Elle est décorée d'un orme planté dans un pot ou dans une caisse et flanqué, à gauche, des deux lettres entrelacées S. G. et à droite, des lettres S. P. Le sommet de cette plaque est malheureusement brisé. Quelques immeubles de la rue François-Miron possèdent encore des plaques semblables.

Les historiens parisiens n'ont pas manqué de parler de cet arbre fameux, planté de temps immémorial devant l'église, et qui fut, à travers les temps, certainement remplacé plusieurs fois. Quel était son symbole ? On ne le sait guère malgré tout ce que l'on en a écrit ; mais ce qui est certain c'est que la fabrique en prenait le plus grand soin et qu'elle inscrivait dans ses budgets annuels la somme, très faible d'ailleurs, nécessaire à son entretien. Nous trouvons à ce sujet, dans le compte de M. Gombault, marguillier comptable de la fabrique, pour l'année 1788-1789, la mention suivante le concernant :

« Art. 7, chapitre IX. — De celle de trois livres paiée à M. Colin, ancien marguillier, sans quittance, suivant l'usage, pour le remboursement de pareille somme par luy paiée pour l'élagage de l'orme Saint-Gervais, cy... 3 livres » (2).

La commune de Paris vit, sans doute, dans ces soins apportés par

1. Archives nationales, S. 3359-3360.
2. Archives nationales, H. 4418.

l'église à son arbre vénéré, un excès de superstition, puisqu'elle décida qu'il serait abattu sans autre forme de procès :

« Commune de Paris. — Le 1er ventôse l'an II° de la République une et indivisible.

« La Société populaire de la Section de la maison commune demande que l'on fasse abattre l'arbre planté par le fanatisme, appelé l'orme Saint-Gervais.

« Après quelques débats ;

« Le Conseil général arrête en principe que cet arbre sera abattu,

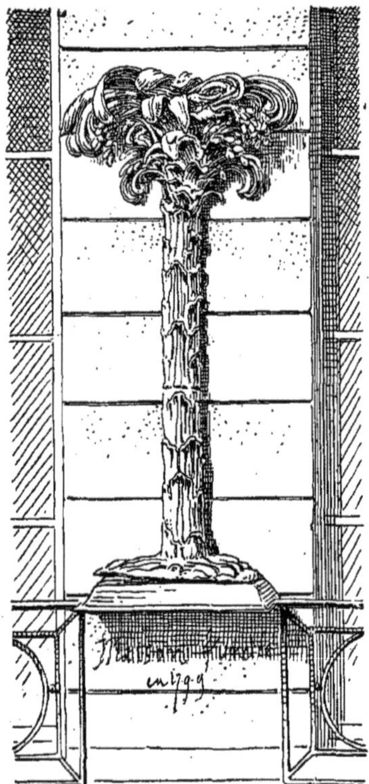

Enseigne « *à l'orme Saint-Gervais* » d'une maison de quincaillerie
fondée en 1799 près de l'Eglise

mais que quant à son emploi il sera renvoyé à l'Administration des Travaux publics ainsi que pour l'exécution du présent arrêté.

« Signé : Lubin, vice-président ; Dorat-Cubières ; secrétaire grefier-adjoint. Pour extrait conforme : Coulombeau, secrétaire-greffier. » (1).

L'*emploi* dont il vient d'être question, du malheureux arbre condamné, semble avoir été trouvé le lendemain par la même assemblée. Voici, en effet, un texte qui affecte ses dépouilles à la défense de la patrie :

« Commune de Paris, séance du 2 ventôse. Le Conseil arrête que l'orme Saint-Gervais sera abattu ; que l'Administration des Travaux publics l'employera à faire des affûts de canon, et que ses branches réduites en cendres, concourront à la fabrication du salpêtre. » (2).

Cette décision fut-elle exécutée ? Il serait bien difficile de le savoir, et il en est peut-être de ces affûts comme du boulet qui devait tuer Napoléon Ier. Disons, pourtant, qu'un article paru dans le *Moniteur* du 9 novembre 1864, consacré à Saint-Gervais, prétend, sans avoir l'air de connaître les délibérations ci-dessus, que l'orme en question fut abattu en 1811.

Bien entendu, nous ne citons cet article que sous bénéfice d'inventaire.

III

Charniers et épitaphes. — Les anciens règlements relatifs aux sépultures. — Utilisation actuelle des ossuaires. — Les emprises sur le cimetière. — Cercueils de plomb.

En ce qui concerne les charniers, on les trouve complètement indiqués dans le plan terrier du Roi de 1700, sous la forme de casiers épousant les lignes des deux côtés du triangle du cimetière formés par les maisons des rues du Pourtour et des Barres. Aucun de ces charniers n'est adossé au côté nord de l'église. Les deux portes men-

1. Archives de la Seine. Collection Lazare, Reg., n· 51, p. 767.
2. *Le Journal de France*. Rédigé par Etienne Feuillant, n° du quartidi 4 ventôse l'an II (samedi 22 février, vieux style), n° 516. (B. N. L. 2. c. 717).

tionnées plus haut sont clairement dessinées dans ce plan ; l'une, près du portail de l'église ; l'autre, sur la place Baudoyer, près de l'encoignure de la rue des Barres.

La Bibliothèque historique de la Ville de Paris possède un épitaphier manuscrit, paraissant dater du XVIIIe siècle, contenant les principales sépultures existant dans les églises de la capitale. Il est malheureusement fort incomplet et, pour le cimetière et les charniers de Saint-Gervais, nous n'y avons trouvé que les épitaphes suivantes :

« Tombe sous les charniers :

« Cy gist honorable homme Baltazar Allonnard, vivant Me Maçon et bourgeois de Paris, qui décéda le 11e juin 1637. Priés Dieu pour luy. »

« Epitaphe dans les charniers :

« Cy devant gist vénérable et docte personne, Mre Jean Vincent, en son vivant prestre chapelain en l'église de céans, natif de Puvins diocèze de Rouën lequel trespassa le Dimanche 14e jour de juin 1529. Priés Dieu pour luy et pour tous tresprassés. »

« Epitaphe de pierre sous les charniers proche la porte au-dessous d'un vieil tableau :

« Cy devant ce tableau gist Pierre Boyvin, en son vivant marchand tanneur et Bourgeois de Paris, et Guillemette Danes sa femme, laquelle trespassa le 25e jour de may 1489 et le d. Pierre Boyvin qui trespassa le Dimainche 10e jour de Septembre 1493. Priés Dieu pour l'âme d'iceux. »

« Epitaphe sous les charniers :

> *Considérons les mondaines ordonnances*
> *Et les tourmens qui nous font oubliés*
> *Ayons toujours mémoire et souvenance*
> *Car bien souvent nous sommes oubliés !* (1)

Les sépultures que nous venons d'indiquer sont les seules que mentionne l'Epitaphier en question, concernant le cimetière et les

---

1. *Tombeaux et Epitaphes des personnes illustres, nobles et autres inhumées dans les Eglises de la ville et des faubourgs de Paris* (Manuscrit de la Bibliothèque historique de la Ville, t. I, n° 11479. *Eglise Saint-Gervais*, p. 429).

charniers. Nous devons dire, pourtant, qu'il contient l'indication de nombreuses inscriptions se rapportant à des personnes inhumées dans l'église même.

Il existe, à ce sujet, plusieurs règlements édifiés par la fabrique de Saint-Gervais, qui montrent les prix demandés pour les inhumations de cette paroisse.

Dans le règlement de 1675, dont nous donnons des extraits à nos annexes, on voit que, sous les charniers, il en coûtait quinze livres pour un cercueil de plomb et cinq livres pour une bière ordinaire.

Dans le cimetière, l'enterrement ne coûtait rien.

Nous déduisons de ces indications que les charniers n'étaient pas seulement des bâtiments dans lesquels on entassait les ossements retirés des fosses communes, mais aussi des sortes de chapelles ouvertes, de galeries consacrées, où il était possible d'être inhumé directement.

Dans le règlement de 1709, dont nous reproduisons aussi des extraits aux pièces justificatives, le tarif était sensiblement relevé. Sous les charniers, pour l'inhumation d'un cercueil de plomb, il fallait verser trente livres, et quinze livres pour un coffre de bois.

Dans le cimetière proprement dit, les inhumations étaient gratuites, mais le fossoyeur et le sonneur avaient droit à certaines rémunérations pour les indemniser de leurs peines. Ces droits s'élevaient, pour le fossoyeur, à la somme de dix livres pour un enterrement sous les charniers, et de sept livres pour la même opération dans le cimetière.

En ce qui concernait le sonneur, l'expression employée pour le paiement de son salaire fut probablement la cause de la réputation quelque peu bachique dont jouissaient, et dont jouissent encore, les tenanciers de cet emploi. Le règlement portait en effet :

« Pour le vin de la grosse sonnnerie, 3 livres 4 sols.

« Pour le vin de la seconde sonnerie, 2 livres 8 sols.

« Pour le vin de la troisième sonnerie, 2 livres.

« Pour le vin de la quatrième sonnerie, 1 livre. »

Sans vouloir médire de ces respectables fonctionnaires ecclésiastiques, nous sommes obligés de convenir que les ordonnances sur la matière, par leur rédaction tendancieuse, nous incitent à penser que tant plus le sonneur sonnait, tant plus il buvait.

On trouvera encore dans les extraits des règlements dont il s'agit, des renseignements intéressants concernant les redevances dues pour convois, argenterie, parements, sonneries, bouts de l'an, sépultures, fossoyeurs, sonneurs, charniers, cimetières, inhumations dans l'Eglise, etc.

Disons aussi, qu'en vertu des statuts paroissiaux de ladite église, pour 1748, le sacristain était tenu d'inscrire jour par jour les droits de *fossoyeries* et de *sonneries* pour convois, services, enterrements et bouts de l'an. Tous les dimanches, les sacristains et fossoyeurs devaient présenter au marguillier comptable le relevé ou mémoire de tous les convois, services et enterrements faits pendant la semaine précédente.

L'art LII disait :

« Les marguilliers qui assisteront aux processions, enterremens et services de leurs confrères le feront en habits décens et le plus exactement qu'ils pourront. » (1).

On trouve dans le compte de M. Gombault, marchand orfèvre, marguillier comptable de la fabrique en 1788-1789, que le fossoyeur recevait chaque année pour le balayage du cimetière, la somme de 24 livres. Pour l'ouverture des fosses communes il lui était alloué une somme de 6 livres par fosse. Il ne vivait donc, ou à peu près, que des redevances que lui payaient les particuliers. Du 1er avril 1788 au 1er avril 1789, les convois rapportèrent à la fabrique une somme de 4.565 livres 1 sol, et l'année suivante, 4.284 livres 14 sols (2).

Puisque nous venons de parler du règlement des inhumations à Saint-Gervais dans les temps déjà lointains, nous croyons intéressant de donner ici le texte d'un *faire-part* du xviie siècle qui, selon nous, semble être plutôt une invitation d'assister à un service de *bout de l'an*, qu'un billet d'enterrement :

« Vous estes priez d'assister au service de deffunte Marie de Meaulx,

1. Règlement du 17 mars 1748 pour l'œuvre et fabrique de Saint-Gervais et Saint-Prothais. Imp. Gissey, rue de la Vieille-Bouclerie. Archives Nationales, L. 651.

2. Archives Nationales. H. 4418, registre manuscrit.

veufve en premières nopces de deffunct Monsieur Deshayettes, vivant Lieutenant d'une Compagnie d'un Régiment commandé pour le service du roy par feu Monsieur de Chappes ; Et en secondes de Monsieur Bourgeois vivant Bourgeois de Paris : qui se dira Lundy 27ᵐᵉ jour de septembre 1660, à dix heures précises du matin, en l'Eglise Saint-Gervais sa Paroisse : où elle est inhumée. Auquel lieu Messieurs et Dames se trouveront s'il leur plaît. »

(Collection Chamboissier : Dimensions de l'original : Texte 23 × 14 ; papier 34 × 23) (1).

Pour les billets d'enterrement, en voici deux qui sont datés du commencement du xvıııᵉ siècle :

« Vous estes priez d'assister au Convoy, service et enterrement de Monsieur Cavillier, Bourgeois de Paris, décédé en sa maison ruë Planchemibray ; qui se fera Jeudy vingt sixième octobre mil sept cent dix neuf, à dix heures du matin, en l'église de Saint-Gervais, sa Paroisse, où il sera inhumé. Les Dames s'y trouveront, s'il leur plaist. »

« Un *De Profundis.* »

La formule finale est assez curieuse, en ce qu'elle semble ne s'adresser particulièrement qu'aux dames.

Voici le texte de l'autre billet :

« Vous estes priez d'assister au Convoy, service et enterrement de deffunte Marie-Anne de La Roche, veuve de deffunt Monsieur Taconnet, maistre boulanger, ancien juré de sa Communauté et Bourgeois de Paris, décédé en sa maison rue de la Haute-Vannerie, qui se fera Lundy 1ᵉʳ Avril 1720, à dix heures du matin, en l'Eglise Saint-Gervais sa paroisse, où elle sera inhumée. Mesieurs et Dames s'y trouveront s'il leur plaist. »

« Un *De profondis.* »

« De la part de Monsieur Benoist, marchand épicier, son gendre. » (2).

1. *Bulletin de la Société du Vieux papier*, fascicule n° 40, du 1ᵉʳ janvier 1907.
2. *Bibliothèque de l'Arsenal.* Epitaphier Manuscrit des Eglises de Paris, t. II, n° 4616.

L'emplacement de l'ancien cimetière Saint-Gervais a aujourd'hui disparu. Il n'en reste plus qu'un long couloir de trois mètres de largeur qui, en suivant le côté nord de l'église, va de l'ancienne porte de la nécropole (n° 2, rue François-Miron) au chevet du monument. Sur le reste de l'emplacement, des cours et courettes ont été ménagées qui donnent sur les derrières des anciennes maisons de la fabrique, situées en haut des marches de la rue François-Miron et de la rue des Barres.

Dans le couloir dont il s'agit, flanquant la haute et majestueuse paroi nord de Saint-Gervais, existent encore deux curieux petits bâtiments d'un seul rez-de-chaussée, qui sont vraisemblablement d'anciens ossuaires. Rien n'est plus pittoresque que leurs mansardes à frontons triangulaires, découpant l'entablement des toits couverts de vieilles tuiles, et dont les fenêtres sont solidement grillées de doubles barreaux de fer. L'accès de ces anciens charniers se trouve dans l'intérieur de l'église ; on y pénètre par deux portes qui ouvrent aujourd'hui dans la chapelle du Sacré-Cœur.

Leurs intérieurs sont voûtés en pierre, en forme de berceau ; quelques moulurations se voient encore qui, avec le système des fenêtres coupant la ligne des toits, accusent une construction du xvie ou du xviie siècle. Ces deux petits bâtiments, éclairés chacun de quatre fenêtres, sont séparés par la porte de l'escalier montant à la tour. Ils servent maintenant d'annexe à la sacristie, de lingerie et de débarras. Nul doute que, sous leurs minces planchers, des milliers d'ossements sont encore enfouis. La notoriété publique leur a conservé, à juste titre croyons-nous, la réputation d'être tout ce qu'il reste des charniers de l'ancien cimetière. Le premier de ces petits bâtiments, en arrivant par la porte du couloir, a gardé la trace d'une ouverture qui l'aurait fait communiquer jadis avec le cimetière.

Peut-être s'agit-il de ces ossuaires dans l'indication ci-après, donnée par l'épitaphier manuscrit de la Bibliothèque de l'Arsenal : « Tombe dans l'Eglise Saint-Gervais, à costé du cœur du costé du charnier. » Leur emplacement, en effet, n'était pas éloigné du chœur de l'Eglise. Il est question ici des sépultures de Guillaume Durant, notaire, secrétaire du Roi, et de Madeleine Radin, sa femme, décédée le 13 juillet 1527 (1).

Anciens charniers ou ossuaires de Saint-Gervais.

1. Bibliothèque de l'Arsenal. Epitaphier manuscrit des Eglises de Paris, t. II, n° 4616.

Toujours dans le même couloir, derrière la chapelle aujourd'hui de Saint-Joseph, se voit également une large baie circulaire à hauteur de rez-de-chaussée, qui pourrait bien être, aussi, le vestige d'un autre système de charniers, de ces charniers formant galeries ouvertes, qui régnaient autour des nécropoles. Cette baie éclaire maintenant le cabinet du curé de la paroisse.

C'était près de cet endroit, non loin du chevet, dans la cour qui fut jadis le cimetière, que s'élevait encore paraît-il, en 1850, une croix de fer appliquée au mur de l'Eglise et marquant la place où avaient été inhumés, dans une fosse creusée à la hâte, 475 calvinistes massacrés lors de la Saint-Barthélemy, le 24 août 1572. En 1850, la croix ne tenant plus que par quelques crochets, aurait été jetée bas par des enfants. Cette information est mentionnée dans un article relatif à Saint-Gervais, paru dans le *Moniteur* du 30 octobre 1851. Un fait de cette nature serait important, s'il était exact, dans l'histoire de notre petite nécropole ; mais comment croire que des protestants, surtout à cette époque, aient pu trouver une sépulture dans un cimetière catholique, ultra-bénit et consacré ? Nous devons dire, d'ailleurs, que nous n'en avons trouvé nulle part la confirmation.

Le cimetière, en somme, on a pu s'en rendre compte, vit, à travers les temps, sa superficie continuellement diminuer. En 1300 il s'étend jusqu'à la place Baudoyer ; puis, sur la bordure, des étaux de marchands qui se construisent le font sensiblement reculer sur lui-même. En 1473, la fabrique accapare lesdits étaux et édifie à leur place maisons et charniers qui ne sont pas sans rogner encore quelques bandes du précieux terrain.

Plus tard, c'est la construction de huit chapelles de l'église, vraisemblablement établies à la fin du XVIᵉ siècle, et transformant complètement le temple qui avait été dédié en 1410. Ces chapelles avaient, à la vérité, leur entrée dans l'église, mais la superficie nécessaire à leur édification fut prise sur le cimetière à raison de huit, dix et quinze pieds carrés pour chacune. Il faut également ajouter comme autre empiétement sur la petite nécropole, l'édification de l'importante chapelle de la Communion, dont les substructions existent encore au chevet de l'église et sous quelques maisons de la rue des Barres. Enfin, ce fut la construction, en 1733, des hautes maisons de la rue

du Pourtour, qui vint encore diminuer la superficie déjà si rare.
réservée aux sépultures. Et toujours la population du quartier allait
augmentant, et assistait sans murmurer, sans y penser, à l'empile-
ment de ses trépassés dans ce puits macabre qu'était son cimetière
paroissial.

On a vu plus haut les documents relatifs à l'inhumation des cercueils de plomb dans les charniers. Nous ne savons si, pendant la
période révolutionnaire, des tentatives furent faites pour l'enlèvement de ce précieux métal, comme cela se fit certainement ailleurs.
Peut-être ces charniers reçurent-ils la visite des citoyens de la section de la place de Fédérés, ci-devant place Royale, qui, par une délibération du 4 septembre 1792, décidèrent la nomination de douze
commissaires à l'effet de rechercher et de s'emparer, pour les con-
vertir en balles, les cercueils de plomb des églises et des maisons
religieuses (1).

Il est vrai que l'*Assemblée nationale*, par son décret du 7 septembre 1792, rendu sur le rapport de Basire, interdit à tout citoyen de
s'emparer de ces sépultures et cela, par une sage précaution de salubrité et d'hygiène que l'on comprendra, et aussi par un sentiment de
dignité et de haute convenance que l'on ne peut qu'approuver (2).

Mais, cette sage prescription des législateurs ne fut pas appliquée,
ou du moins ne le fut plus sous la *Convention* puisque, notamment,
de nivôse à pluviôse an II (décembre 1793 à février 1794), les églises
de Saint-Roch, de Saint-Eustache, des Jacobins et tant d'autres,
furent vidées de leurs sarcophages de plomb (3).

D'autre part, M. J. Guillaume nous apprend que : « La recherche
du plomb des cercueils fut une mesure générale, du même ordre que
la fonte des cloches, et qui fut rendue indispensable par la nécessité
de la guerre. Elle s'étendit à tous les tombeaux où l'on croyait pouvoir trouver le précieux métal destiné à fournir des balles aux défen-
seurs de la Révolution. » (4).

1. *Répertoire général des Sources manuscrites de l'histoire de Paris pendant la Révolution*, par A. Tuetey, t. V, n° 3805.
2. Voir le texte de ce décret aux pièces justificatives.
3. M. Gustave Bord. *Le Gaulois* du 15 février 1906.
4. *Revue de la Révolution française*, n° du 14 avril 1907.

IV

La grande enquête sanitaire de 1763. — L'insalubrité du cimetière Saint-Gervais — Les prescriptions du Parlement concernant les inhumations hors de Paris. — Les cimetières pendant la Révolution. — La vente finale du cimetière Saint-Gervais et la démolition de la chapelle de la Communion.

Nous sommes au milieu du xviiiᵉ siècle.

Depuis longtemps, la population parisienne souffrait, sans trop se plaindre, de l'insalubrité des cimetières ouverts au milieu de ses quartiers les plus populeux. On connaît l'effroyable mixture humaine dont était composé le sol des nécropoles des Innocents, de Saint-Paul et autres, qui, dans des espaces fort restreints et jamais renouvelés de terres plus saines, avaient dévoré, le mot n'est ni exagéré ni nouveau, des quantités innombrables de cadavres.

Au commencement de l'année 1763, pourtant, un mouvement de mécontentement sembla se dessiner dans les quartiers les plus rapprochés des cimetières situés dans l'intérieur de la Ville. Des plaintes arrivèrent au Parlement, signalant l'insalubrité des régions environnant les nécropoles, et l'impossibilité de plus en plus grande d'y pouvoir vivre, au fur et à mesure que les maisons s'élevaient en étages, se resserraient, se tassaient, autour de ces foyers pestilentiels dont les miasmes, pour ces raisons, n'étaient pas chassés par les vents et par le grand air.

Voici donc que le Parlement de Paris va prendre en main la cause de l'hygiène publique. Il est saisi de la question par le prince de Condé qui, en 1763, occupe le Petit Luxembourg, et proteste de toutes ses forces et avec raison, contre la communauté de Saint-Sulpice, qui veut ouvrir un cimetière rue Férou.

Disons tout de suite que Saint-Sulpice, presque immédiatement, renonça à son idée et abandonna de bonne grâce la prérogative obtenue. Mais disons aussi que le Parlement retint la plainte, quant à l'insalubrité des cimetières existant dans Paris, et qu'il entreprit une enquête à ce sujet.

Dans son arrêt du 12 mars 1763, il constate que l'odeur horrible qui s'exhale des cadavres est sans doute un avertissement de la nature pour s'en éloigner, c'est-à-dire pour reporter au loin les champs de sépultures. Ces exhalaisons, dit-il : « s'attachent aux murailles qu'elles imbibent d'un suc infect ; qui sait même si, pénétrant dans les habitations circonvoisines avec l'air qu'on y respire, elles n'y portent point des causes inconnues de mort et de contagion ? »

Il fut décidé, après l'intervention éloquente de Le Pelletier de Saint-Fargeau, que des procès-verbaux seraient dressés de chacun des cimetières parisiens, par les commissaires de quartiers, que ces documents devraient indiquer l'étendue des cimetières, leur situation vis-à-vis des habitations voisines, la durée de leur existence, et, en général, toutes les circonstances pouvant en faire connaître les commodités et les inconvénients (1).

Le même arrêt disait également que, conjointement aux procès-verbaux dressés par les commissaires de quartiers, des mémoires explicatifs seraient rédigés par les fabriques des paroisses et par les communautés, sur les dits cimetières, et faisant connaître leurs propositions pour remédier aux inconvénients.

Lesquels mémoires et procès-verbaux, aux termes de l'arrêt, devant être communiqués pour avis au lieutenant général de police et au substitut du Châtelet, et ensuite renvoyés au Parlement pour décision à prendre.

Ces enquêtes furent scrupuleusement exécutées et le Parlement put juger et décider en connaissance de cause.

Un manuscrit de la Bibliothèque nationale contient le procès-verbal dressé pour le cimetière Saint-Gervais, par les commissaires de quartier, Mouricault et Porquet ; et aussi le mémoire rédigé par le curé de la paroisse assisté de son conseil de fabrique.

Nous y voyons que, le lundi 25 avril 1763, sur les trois heures de relevée, Jerosme-Abraham Porquet et Thomas Mouricault, avocats au Parlement et conseillers du Roi, se sont transportés rue du Pourtour Saint-Gervais, au cimetière de la paroisse de ce nom, afin de remplir leur mandat sous la conduite de Philippe Guy, l'un des domestiques

1. Arrêt de la Cour du Parlement du 12 mars 1763.

de l'église. Le cimetière a la forme d'un triangle irrégulier en raison de la chapelle de la Communion et de celle de M. le chancelier Boucherat, qui font hache dans le champ de repos.

Il contient cent cinquante neuf toises de superficie et est borné au nord par les hautes maisons existant encore aujourd'hui, qui appartenaient alors à la fabrique, et avaient été construites par elle, depuis environ trente ans, soit en l'année 1733.

Le cimetière, au dire de Mouricault et de Porquet, était donc borné au nord par ces immeubles ; au midi, par l'aile gauche de l'église et à l'est par plusieurs maisons appartenant aussi à la fabrique et donnant sur la rue des Barres. Les étages inférieurs de ces dernières maisons servaient de charniers au cimetière et aussi de salles destinées aux catéchismes et à l'instruction des enfants. Quant aux étages supérieurs, ils étaient affectés au logement de plusieurs prêtres habitués de ladite paroisse.

Toutes les fenêtres des façades postérieures de ces bâtiments, du rez-de-chaussée au quatrième étage, ouvraient sur ce foyer d'infection et *respiraient*, si l'on peut dire, les émanations mortelles qui séjournaient dans cette sorte de puits, trop lourdes pour s'enlever dans l'air, trop abritées pour être chassées par le vent.

Au moment de leur arrivée au cimetière, les deux commissaires constatèrent qu'une fosse commune était ouverte depuis un mois, mesurant seize à dix-huit pieds de profondeur sur six de largeur en carré.

La superficie totale ne permettait pas de faire plus de sept à huit fosses communes, car il fallait réserver également un certain emplacement pour les sépultures particulières. Quand une fosse de cette nature était pleine, c'est-à-dire au bout de trois ou quatre mois environ, on la recouvrait et l'on en creusait une autre, et ainsi de suite jusqu'à la huitième. Après quoi les fossoyeurs, écureuils macabres, revenaient à la première et recommençaient leurs exercices. On calculera ainsi sans grand effort, que les morts de la fosse commune, dans le cimetière paroissial de Saint-Gervais, n'avaient que trente-deux mois environ pour se consommer, afin de laisser la place à d'autres. Aussi, les commissaires entendirent-ils, au cours de leur enquête, les honnêtes habitants des maisons donnant sur cette sentine, leur déclarer qu'ils avaient vu souvent, lorsque l'on ouvrait de nouvelles fosses communes, qu'à une certaine profondeur les corps n'avaient pas entièrement disparu. Ces infortunés marchands, Jean Chouillou, parfumeur — où ce parfumeur allait-il fabriquer ses parfums ! — Louis Mangeant, horloger, et un avocat, Jacques-Barthelemy Le Loultre, se plaignirent que, pendant l'été, après de grandes pluies et orages, les fosses leur renvoyaient des odeurs fades et des puanteurs infectes qui les obligeaient à fermer continuellement celles de leurs fenêtres qui donnaient sur le cimetière. Le parfumeur, l'horloger et l'avocat indiquèrent bien un remède aux enquêteurs, qui était de n'ouvrir que des fosses particulières que l'on eût rebouchées immédiatement, mais le moyen était, paraît-il, impraticable faute d'espace.

Une habitante de ces maisons fabriciennes fut aussi entendue par les commissaires de quartier : demoiselle Anne-Denise Ringard, veuve de Jean-Baptiste Le Blanc, marchand orfèvre, qui vint déclarer que les mauvaises odeurs ne lui permettaient de conserver ni viande ni bouillon, que durant tout un été elle fut privée d'une armoire pratiquée dans sa cuisine et tirant son jour du cimetière, et, qu'enfin, les émanations cadavériques étaient si fortes qu'elles allaient jusqu'à gâter le vin et la bière de sa cave.

Voyez, pourtant, combien tous ces martyrs volontaires de la pourriture humaine devaient être robustes puisque, en dépit de cet effroyable voisinage, le parfumeur vécut là pendant seize ans ; l'horloger pendant vingt-neuf ; l'avocat pendant dix et Anne-Denise Ringard pendant vingt-deux !

Nous venons de voir que la veuve Le Blanc avait déclaré, dans sa déposition, ne pouvoir conserver la moindre viande dans son garde-manger. Il n'en fut pas toujours ainsi, sans doute, aux environs de la petite nécropole, car, au mois d'août 1416, un édit de Charles VI créa une boucherie de quatre étaux à la place où s'élevaient justement en 1763, les maisons habitées par les plaignants ci-dessus. Il s'agissait de remplacer, par quatre nouvelles boucheries, celle qui était installée devant le grand Châtelet et que l'on venait de démolir pour cause d'insalubrité. Elles devaient être établies, la première, à la Halle de Beauvais ; la deuxième, près du Châtelet, à l'opposite de Saint-Leufroy ; la troisième, près du Petit Châtelet, non loin du Petit-Pont ; et la quatrième « entour les murs du cimetière Saint-Gervais ».

Pour la fixation du nombre des étaux par chacune de ces « *boucheries royales* », l'édit portait, pour celle qui nous intéresse, la mention suivante : « et en icelle qui sera environ les murs du cimetière Saint-Gervais, quatre estaux » (1).

Le mémoire rédigé par M. Bouillerot, curé de Saint-Gervais, et contresigné par les membres du Conseil de Fabrique, que l'on trouvera aux pièces justificatives, était sensiblemeut le même que celui des commissaires quant à l'insalubrité du cimetière, mais absolument contradictoire quant au nombre des fosses et à leur durée. Tout en constatànt que, pendant l'année 1762, quatre-cent-huit inhumations y avaient été faites, il prétendait que le nombre des fosses communes pouvant être ouvertes étant de quarante, à raison de trois par année, la même fosse n'était reprise qu'au bout de douze à treize ans !

A part ce désaccord tendancieux, c'était la confirmation des plaintes des quarante ou cinquante ménages logeant dans les maisons du pourtour, auxquelles venaient s'ajouter les doléances des paroissiens fréquentant les offices et non moins incommodés. La fabrique ne cachait pas qu'elle désirait également l'ouverture d'un nouveau cimetière affecté aux fosses communes et qui aurait pû être situé aux confins de la paroisse ; elle rappelait qu'elle avait voulu, sans pouvoir y arriver, en établir un à la place du presbytère, pour laisser reposer l'actuel, largement suffisant pour assurer le service des inhumations particulières, peu nombreuses et recouvertes immédiatement.

Elle ajoutait, enfin, et pour terminer, qu'elle attendait les sages résolutions de la Cour pour s'y conformer.

On verra plus loin comment les églises de Paris accueillirent les prescriptions édictées en faveur de l'hygiène et de la salubrité publiques.

Tous les procès-verbaux et toutes les dépositions furent centralisés au Parlement qui les examina avec soin. Pour les cimetières situés au centre de la ville, les plaintes étaient unanimes contre les horribles exhalaisons qui s'en dégageaient, surtout pendant les chaleurs

---

1. *Histoire de la Ville de Paris*, par Felibien, 1725. *Preuves*, t. III, p. 542.

de l'été : « les aliments les plus nécessaires à la vie, lit-on dans toutes les enquêtes, ne peuvent se conserver quelques heures dans les maisons voisines sans s'y corrompre, ce qui provient ou de la nature du sol trop engraissé pour pouvoir consommer les corps, ou du peu d'étendue du terrain pour le nombre des enterrements annuels, ce qui nécessite de revenir trop souvent au même endroit; et peut-être aussi du peu d'ordre de ceux qui, proposés au soin d'enterrer les morts, n'ont ni l'attention ni l'exactitude nécessaires pour ne pas rouvrir trop tôt les mêmes sépultures. » (1).

La Cour de Parlement de Paris, par son arrêt du 21 mai 1765, ordonna que, à partir du 1er janvier 1766, aucune inhumation ne serait plus faite, sous aucun prétexte, dans les cimetières de la ville, sauf pour les sépultures des personnes habitant dans les hôpitaux, maisons et communautés religieuses, tant d'hommes que de filles.

Les cimetières ainsi désaffectés devaient rester sans emploi pendant une durée de cinq années, après quoi et à la suite d'un examen scientifique des terres, ils pouvaient être vendus, si leur innocuité était reconnue.

Aucune sépulture ne pouvait plus être faite dans les églises, paroissiales ou régulières, sauf celles des curés et supérieurs décédés en place, à moins de payer 2.000 livres à la fabrique ou d'être fondateur, titulaire ou ayant-droit d'une chapelle ; mais sous la condition obligatoire de mettre les corps dans des cercueils de plomb « et non autrement ».

L'arrêt ordonnait l'ouverture de huit cimetières devant être situés hors de la Ville, au sortir des faubourgs, dans les endroits les plus élevés, et entre lesquels toutes les paroisses parisiennes auraient réparti leurs morts.

Les emplacements choisis étaient : 1° la Chaussée d'Antin ; 2° la Croix-Cadet-aux-Porcherons ; 3° rue des Marais-Saint-Martin, vis-à-vis la rue des Vinaigriers ; 4° la rue du Chemin-Vert, près Pincourt, au-dessous des Annonciades (Saint-Ambroise) ; 5° A la croix du chemin de Vaugirard, près le moulin de la Pointe ; 6° grande route

---

1. Arrêt de la Cour du Parlement, de Paris, du 21 mai 1765. — *Les Cimetières* par le Dr Gannal, pièces justificatives, p. 48.

d'Orléans, à main droite de la demi-lune du boulevard ; 7° sur le chemin du nouveau boulevard, près l'hôpital de la Santé ; 8° au-dessus de la demi-lune du nouveau boulevard allant au chemin de Vitry.

Les morts de la paroisse de Saint-Gervais étaient affectés au Cimetière du Chemin-Vert.

Aux termes de l'arrêt, ces cimetières *extra-muros*, communs à plusieurs paroisses, ne pouvaient contenir que des fosses communes et non des sépultures particulières ; on n'y devait mettre aucune épitaphe, ni y planter aucun arbre ou arbrisseau.

Il avait été également spécifié que ces huit champs de sépultures auraient dans Paris chacun un dépôt, sorte de chapelle funéraire, commun à chaque groupement de paroisses, et dans lequel les morts devaient être déposés durant la journée du décès. Tous les matins, à deux heures, en été, à quatre heures, en hiver, des chars seraient venus prendre ces morts pour les conduire à leur dernière demeure.

Tous les frais d'acquisition des terrains pour ces nouveaux cimetières, de construction des dépôts, d'achat des chars, de paiement du personnel, étaient mis à la charge des fabriques.

Malgré son laborieux travail et le succès administratif de ses enquêtes, le Parlement ne put arriver à faire exécuter son arrêt. Le clergé de Paris, presque tout entier, qui eût perdu des sommes énormes à ne plus inhumer dans ses églises ni autour, se montra défavorable à l'innovation, et fit échouer le projet.

« MM. les curés de Paris, dit un historien contemporain, s'étant crus obligés, soit par des vues d'intérêt, soit pour le bien public, de faire des représentations pour empêcher l'exécution de cet arrêt, il est demeuré sans effet. » (1).

« L'arrêt de 1765, écrit un autre auteur du temps, ne reçut pas son exécution et l'affaire des Cimetières, qui à cette époque avait occupé toutes les têtes, s'assoupit doucement. » (2).

La déclaration du roi, du 10 mars 1776, en limitant les sépultures dans les temples, aux archevêques, évêques, curés, patrons des églises, hauts justiciers et fondateurs de chapelles, devait forcément

1. *Dictionnaire Historique de Paris*, par Hurtaut et Magny, 1779, t.I, p. 374.
2. *Lettres du baron de *** à son ami sur l'affaire des Cimetières*, 1781.

avoir pour conséquence le dépôt d'un plus grand nombre d'inhumations dans les cimetières. Aussi ordonnait-elle l'agrandissement de ceux de ces derniers qui seraient trop petits pour contenir les sépultures des paroissiens. Cet agrandissement pouvait se faire sur place, si les circonstances le permettaient sans nuire à la salubrité, et hors de l'enceinte des habitations, dans le cas contraire.

Cette sage prescription ne rencontra pas plus de bonne volonté que l'arrêt du Parlement, de 1765, et elle ne fut pour ainsi dire pas appliquée à Paris. Elle ne le fut certainement pas pour Saint-Gervais qui ne reçut aucun agrandissement sur place.

Maxime Du Camp, néanmoins, prétend que le curé de cette paroisse bénit, le 2 octobre 1783, le nouveau cimetière Sainte-Catherine, dont une partie aurait été ouverte cette année près de celui de Clamart (1).

On peut se demander si cette bénédiction d'un cimetière lointain, par le curé de Saint-Gervais, signifie que ses paroissiens y auront droit de sépulture. Nous n'avons rencontré nulle part cette disposition. L'auteur, dans tous les cas, ne nous permet pas de contrôler son dire puisqu'il ne donne pas la source de son information.

Vicq d'Azyr, pourtant, le savant secrétaire de la Société Royale de Médecine, venait encore de répéter tout récemment, dans son rapport du 2 septembre 1777, en parlant du danger des inhumations dans les villes, que le cimetière de Saint-Gervais, trop étroit et entouré de maisons, devrait être exproprié, au même titre que celui des Innocents et de beaucoup d'autres de l'intérieur de Paris (2).

La question, quoi qu'il en soit, ne cessait de préoccuper les esprits :

Le cahier particulier de la Ville de Paris aux Etats généraux de 1789, dans son article 12, demandait l'exécution immédiate de l'arrêt du Parlement concernant les cimetières.

Le cahier des demandes et instructions du Tiers Etat de la Prévôté et Vicomté de Paris hors les murs, aux mêmes Etats généraux, préconisait également, dans son article 15 : « Toutes sépultures dans les églises, prohibées ; et les Cimetières qui sont dans l'intérieur des Villes ou des Villages seront transportés au dehors. »

1. *Paris, ses organes, ses fonctions, sa vie*, par Maxime Du Camp, 1884, t. VI, p. 136.
2. *Essai sur les lieux et les dangers des Sépultures*, par Vicq d'Azyr. Paris, 1778.

Le district de l'Abbaye de Saint-Germain-des-Prés voulait, par son article 36 : « Pourvoir à la salubrité en écartant de la Ville les inhumations, les tueries et les fonderies. »

Enfin, le cahier du Tiers Etat de Paris, disait : « Art. 22. — L'Assemblée de Paris examinera s'il ne serait pas avantageux que les Cimetières, les tueries, les fonderies de suif, et toutes les fabriques qui réunissent un grand amas de matières combustibles, fussent éloignées et isolées des barrières de Paris, et qu'il en fût de même de tous les ateliers dont les émanations peuvent être pernicieuses. » (1).

Exactement à la même date, en 1789, Louis XVI ne voulait pas rester en arrière du mouvement et faisait écrire la lettre suivante au marquis de Condorcet, secrétaire perpétuel de l'Académie des Sciences, par le ministre de sa maison :

« Versailles, 3 avril 1789.

« Le Sieur de Rosemberg me présente un projet pour construire des cimetière communs hors l'enceinte de Paris. Il y a longtemps qu'on désire qu'il ne se fasse plus d'inhumations dans cette ville. C'est un objet important sur lequel il y a déjà eu plusieurs arrêts du Conseil et du Parlement : L'intention du Roi est que l'Académie des Sciences examine ce projet. Vous voudrez bien me faire part de son avis et me faire passer le rapport quand il aura été fait.

« J'ai l'honneur, etc. » (2).

La loi du 15 mai 1791, relative aux biens meubles et immeubles dépendant des églises paroissiales et succursales, trancha définitivement la question en attribuant aux communes la propriété des cimetières. On y lit :

« Art. 3. — Les cimetières desdites paroisses et succursales supprimées seront également vendus dans la même forme et aux mêmes conditions que les biens nationaux. »

Et plus loin :

Art. 9. — Les cimetières ne pourront être mis dans le commerce

1. Archives Parlementaires. Paul Dupont, 1869, t. V. p. 292, 241, 306, 290.
2. Archives Nationales, O₁ 500, f° 223 (Le D͏ʳ Gannal, dans son ouvrage sur les cimetières, n'a pas parlé de cette lettre ni du projet de M. de Rosemberg).

qu'après dix années, à compter depuis les dernières inhumations.

Elle prévoyait, néanmoins, ainsi que nous le disons plus haut, par son article 4, l'existence : « De cimetières jugés nécessaires par les corps administratifs, sous l'inspection et la surveillance du Roi, pour les paroisses et succursales nouvellement circonscrites. »

La commune de Paris, de son côté, dans la séance du 23 avril 1792, prit aussi la décision suivante :

« Conformément aux lois antérieures, tous les cimetières actuellement existant dans l'enceinte de la Ville, seront fermés et transportés au delà des murs (1).

Mais, dans la pratique, cette délibération était inexécutable ; c'est pourquoi la municipalité parisienne conserva et utilisa les anciens cimetières des paroisses, en leur adjoignant les quatre grands champs de sépultures de Sainte-Catherine et de Vaugirard, pour la rive gauche ; de Montmartre et de Sainte-Marguerite, pour la rive droite (2).

Le 2 ventôse an IX (12 mars 1801), le Préfet Frochot arrrêtait la création de trois grands cimetières hors des murs, pour l'ensemble des sépultures de la capitale : Montmartre, le Père-Lachaise, Montparnasse. Le décret du 23 prairial an XII (12 juin 1804) intervint ensuite pour défendre les inhumations dans l'intérieur des villes.

En ce qui concerne le cimetière Saint-Gervais, nous avons, non seulement la date exacte de sa disparition, mais aussi le procès-verbal de son adjudication.

Le deuxième jour de Frimaire an V (22 novembre 1796) il fut, en effet, vendu par le Bureau du Domaine national du département de la Seine, en vertu de la loi du 28 ventôse an IV (18 mars 1796) au citoyen Joseph Bourson, demeurant à Paris, rue des Barrès, nº 23.

En raison de son importance, nous reproduisons ci-après les indications contenues dans le document dont il s'agit :

« *Désignation et Description.* — Un terrain servant cy-devant de Cimetière à la paroisse Saint-Gervais, de forme triangulaire, dont l'entrée est sur la pointe la plus aiguë, par un passage pris sous une maison adossée au portail de l'Eglise Saint-Gervais; ce passage

1. *Procès-verbaux de la commune de Paris*, par Maurice Tourneux, p. 55.
2. *Notes sur les cimetières de la Ville de Paris*, par M. Caffort, chef du Bureau des cimetières. 1889, Paris, p. 33.

a de largeur environ sept pieds et demi, lequel était pour le service dudit cimetière et de l'Eglise ; aucun monument ni bâtisse n'existent dessus ; il est bordé à gauche par un grand logis sur la rue, composé de plusieurs maisons provenant de la cy-devant fabrique de Saint-Gervais et soumissionnées par différentes personnes ; sur le fond par des maisons *idem* sous lesquelles sont les charniers et à droite par l'église et les chapelles S^t....... tes lesdites maisons qui bordent ledit terrein ayant ....tes dessus, la contenance dud. terrein en super-ficie........... te quatre toises et demie environ non compris......... pour isoler l'église (1).

« *Charges, Clauses et Conditions particulières.* — L'acquéreur sera tenu de construire un mur pris sur son terrein et à ses frais dont la ligne ponctuée sur le plan annexé au procès-verbal d'estimation fera le parement extérieur sur le passage à laisser à l'église, ledit mur tel qu'il est tracé sur led. plan pour isoler l'église, qui est affectée au culte par la loi, et pour en faciliter le service, qui pourra se faire par le *passage commun* sur lequel on pourra ouvrir une porte au droit dud. passage.

« L'acquéreur sera tenu de souffrir les vues droites des maisons qui l'environnent, par l'impossibilité de les mettre suivant la loi, mais si ces maisons venaient à changer de nature, il seroit en droit de l'exiger, ainsi que de forcer les riverains à retirer leurs eaux chez eux.

« Il sera, en outre, assujetti à toutes les dispositions des anciennes lois non abrogées relativement aux terreins ayant servi de cimetière. »

L'acte de vente indique que le terrain ainsi aliéné provient de la ci-devant fabrique de l'église Saint-Gervais et qu'il a été évalué par Jean-Etienne Villetard, architecte, demeurant rue des Barres, n° 24, expert nommé par le soumissionnaire, et par Louis-François Petit-Radel, architecte-expert du Bureau, à un revenu net de 520 francs et à un capital de 9.360 francs. C'est à ce prix qu'il fut acquis par Joseph Bourson.

---

1. Les lacunes indiquées par des points proviennent du mauvais état du document sur lequel la copie a été prise. Elles peuvent, d'ailleurs, se combler facilement après lecture de notre travail.

Un tableau, annexé au document montre que le cimetière, au moment de sa vente, contenait une superficie de 124 toises ou 516 mètres carrés 79 millimètres. On y voit également que Bourson n'en fit pas l'acquisition pour lui seul mais qu'il avait des co-associés qui reprirent pour leur compte les parcelles ci-après : Leprovost, 22 toises 13 pieds ; Jayme, 31 toises ; Jeanbard, 11 toises 3/4. Lui-même en conserva 58 toises 1/2 14 pieds. Ces parcelles ainsi rachetées étaient destinées à être adjointes aux autres maisons donnant sur le cimetière et à leur servir de cours. Cela ressort d'une ligne de ce tableau disant que la rétrocession aux personnes ci-dessus est faite « pour le partage au-devant de leurs maisons. ».

Une chose intéressante ressort aussi du document que nous venons de produire, c'est l'obligation, pour l'acquéreur, d'édifier un mur devant isoler l'église du terrain vendu de l'ancien cimetière et transformé en cours. Ce mur existe toujours avec la même destination ; il est l'un des côtés du long boyau qui s'ouvre sous la porte cochère flanquant le côté nord du portail de Saint-Gervais et qui n'est autre que celle de l'ancien cimetière,

En même temps qu'il faisait l'acquisition de la ci-devant nécropole, le même citoyen Bourson se rendait adjudicataire d'une maison de la fabrique, située rue des Barres, n° 8, aujourd'hui n° 13, élevée sur les charniers, et avec laquelle était vendue également une chapelle qui ne pouvait être que celle de la *Communion.*

Le 5 brumaire an VI (26 octobre 1797), en effet, dans la grande salle de l'Oratoire, rue Honoré, division des Gardes françaises, lieu choisi et adopté par les membres du département et commune de Paris pour la vente des biens nationaux, fut mise en adjudication « une maison et dépendances, rue des Barres, n° 8, et la chapelle y attenant, division de la Fidélité, provenant de la Fabrique Saint-Gervais ».

Nous relevons la mention suivante en ce qui concerne la chapelle ainsi vendue :

« *Désignation.* — La chapelle dessus indiquée consiste en un emplacement d'environ quarante-deux pieds de longueur, réduite d'après le mur biais de l'Eglise, jusques et compris celuy de face sur le ci-devant cimetière sur vingt-un pieds de largeur environ, depuis le devant des pilliers de pierre qui la séparent d'avec le charnier, jusqu'au mur opposé séparant aussi l'Eglise et le cimetière d'avec ladite chapelle, qui forme un pan coupé à l'angle sur ledit cimetière. Elle est éclairée par deux grands vitraux et une lanterne dans le comble, boiseries dans l'intérieur de la chapelle.

« *Charges, clauses et conditions particulières*. — L'adjudicataire sera tenu : 1o de démolir à ses frais la chapelle formant un pan coupé à l'angle sur le Cimetière servant ci-devant à la paroisse de St-Gervais, et les matériaux provenant de ladite démolition lui appartiendront en faisant la place nette ; 2o de construire également à ses frais, scavoir, dans la largeur des charniers, les deux parties de mur qui manquent au rez-de-chaussée sous ceux mitoïens qui existent aux étages supérieurs. Plus dans l'emplacement de la chapelle, les trois murs de clôture qui fermeront sa cour, lesquels laisseront un intervalle au-devant de l'église et de la maison n° 7 semblable à celui qui a été réservé dans le ci-devant cimetière vendu au citoyen Bourson ; 3o de faire murer à ses frais toutes les communications qui peuvent exister dans les murs mitoyens avec les maisons et terreins voisins ; 4° enfin, de retirer sur sa propriété toutes les eaux provenant de ses combles. »

L'adjudication fut prononcée le 9 brumaire an VI (3o octobre 1797) en faveur du citoyen Joseph Bourson, entrepreneur de bâtiments et de Elisabeth François, son épouse, demeurant à Paris, rue de la Mortellerie, n° 135, division de la Fidélité au prix de 70.600 francs.

Cette chapelle, qui formait un pan coupé à l'angle du cimetière, n'était autre, on ne saurait en douter, que la grande chapelle de la Communion. Le cimetière avait, en effet, la forme d'un triangle, dont l'une des pointes était occupée, par ladite chapelle et les deux autres par les deux extrémités de la rangée des maisons de la rue du Pourtour. Ainsi fut démolie, en 1797, cette partie si curieuse de l'église Saint-Gervais dans laquelle avait été inhumé le célèbre peintre Philippe de Champaigne. Disons qu'elle ne fut pas complètement rasée et que plusieurs pans de murs furent aménagés à usage de cuisines ou d'ateliers dépendant de la maison de la rue des Barres aujourd'hui numérotée 15 ou 17. Elle est actuellement le laboratoire d'un confiseur.

L'insatiable citoyen Bourson devait encore acquérir la maison voisine, rue des Barres, n° 9, aujourd'hui 15, dont le fond, comme celui de toutes ses voisines, était élevé sur les charniers. L'adjudication est du 14 floréal an V (3 mai 1797) et fut prononcée au prix de 9.900 fr.

La désignation de ce dernier immeuble, en ce qui concerne sa situation vis-à-vis des charniers, est la suivante :

« Ensuite sur le Cimetière est une partie des anciens charniers composée de quatre travées, le tout élevé de deux étages quarrés, et un troisième lambrissé dans le comble couvert en thuiles, avec chesneaux, goutières et tuyaux de descente. Chaque étage est distribué de quatre chambres, tant grandes que petites, celles sur le fond tirent leurs jours et vües sur le Cimetière. Cette maison contient en superficie trente-quatre toises et demie, douze pieds ou environ... » (1).

Pièce justificative n° 1

Inventaire général des chartes et titres de la fabrique de Saint-Jean-en-Grève depuis et compris le mois de janvier 1212, époque de son érection en cure, jusqu'au tems présent et de ceux de la charité des pauvres de la Paroisse : Fait et rédigé ès années 1778, 1779 et 1780.

Année 1563

Droits des Paroissiens de Saint-Jean d'être enterrés dans le Cimetière de Saint-Gervais par le clergé de Saint-Jean. (Cote 5me, 1re Boête en fer blanc. Armoire de l'arrière-bureau.)

Ce droit résulte de ce qu'anciennement et jusqu'en 1212, St-Jean, comme on la vû cy devant, etoit sucursale de la paroisse de St-Gervais, et que depuis son Erection en Cure jusqu'au tems de la donation d'une place pour un Cimetière faite par le Roy Charles VI. Les morts des deux paroisses étoient enterrés dans le même Cimetière qui est celui de Saint-Gervais ; en sorte que plusieurs paroissiens de St-Jean aians encore mémoire de la Sépulture de leur famille au d. Cimetière demandoient à y être enterrés.

1. Nous tenons ces derniers documents de l'obligeance de M. Paul Hartmann, secrétaire-adjoint de la Société historique *La Cité*, qui a eu en communication les titres de propriété. Nous lui en exprimons ici nos plus vifs remerciements. L. L.

Les actes qui le justiffient sont :

Une sentence contradictoirement rendue au Châtelet de Paris le 17 novembre 1563. Entre les Marguilliers de la paroisse St-Jean demandeurs et les Curé et Vicaire de la paroisse de St-Gervais deffendeurs, par laquelle sur le maintenu des Marguilliers de St-Jean, que les paroissiens de St-Jean avoient le droit et étoient en possession et saisine de se faire inhumer au Cimetière de l'église Saint-Gervais, charniers et gallerie d'icelui, sans être tenus demander licence n'y congé et aussi sans que le Curé de St-Jean soit tenû de demander aucune assistance n'y faire aucune présentation de Corps au Sr Curé de St-Gervais, possession dans la quelle les d. Marguilliers avoient été troublés par le Vicaire de St-Gervais, contre le quel trouble ils demandoient à être maintenus, surquoy le d. Sr Curé de St-Gervais aiant dit qu'il ne vouloit avouer n'y de s'avouer le d. prétendu trouble sans préjudice de ses actions pétitoires, et le Vicaire aiant dit qu'il ne vouloit empêcher les Marguilliers en leurs conclusions ; ils ont été maintenus et gardés en leur possession et saisine de faire inhumer corps morts au d. Cimetière St-Gervais, galleries ou charniers joignant icelui, sans que les d. Marguilliers, Curé ou Vicaire et habitués, soient aucunement tenus de demander congé, licence, assistance n'y faire présentation au d. curé ou Vicaire de St-Gervais n'y autres, et a été auxd. Marguilliers de St-Jean adjugé la récréance du d. droit, pour en jouir par la et sur la main du Roy et de Justice, le Vicaire a été condamné aux dépens et à 12 livres parisis de domages et intérêts, sauf au Curé de St-Gervais ses actions pétitoiles et autres, et aux Marguilliers leur deffenses au contraire.

Autre sentence du Châtelet du 26 octobre 1585, contradictoire entre les Curé et Marguilliers de St-Jean et ceux de St- Gervais, qui par provision, sans préjudice des droits des parties au ppal et jusqu'a ce qu'autrement il en eut été ordonné, porte que le Curé de St-Jean pouvoit inhumer au Cimetière de St-Gervais, suivant ce qu'il avoit fait cy-devant, les corps de ses paroissiens et des lors le corps de celui qui avoit ordonné sa sépulture au d. Cimetière, avec deffenses aux d. s^{rs} de St-Gervais de ce empêcher le Curé de St-Jean, et pour obvier aux contradictions et scandales qui pouroient arriver auxd. enterrements ordonne que le commissaire du quartier y assistera avec main forte.

Arrêt du 17 mars 1587, rendu sur l'apel de cette sentence qui evoque le principal et par provision ordonne que quand un paroissien de St-Jean aura élu sa sépulture au Cimetière de St-Gervais, le Curé de St Jean l'y pourra faire enterrer en le denonceant aux Marguilliers de St-Gervais, sans que le Curé de St-Jean soit tenû paier aucune chose aux d. Marguilliers.

Dénonçiation faite à la requête des Curé et Marguilliers de St-Jean le 9 may

1591, à ceux de St-Gervais, que les héritiers d'une paroissienne de St-Jean avaient volonté de la faire enterrer au Cimetière St-Gervais, ce qu'ils entendoient faire avec sommation de le souffrir et n'y aporter aucun trouble suivant les sentence et arrêt cy-dessus, et réponse du Curé de St-Gervais qu'il n'empêchoit que le corps en question ne fût enterré au Cimetière St-Gervais préalablement conduit par le Curé de St-Jean à la porte de l'Eglise St-Gervais, où il étoit prest de le recevoir et non autrement, la quelle réponse l'huissier a prise pour refus et a protesté.

Copie d'une Requête présentée par M. L'Official de Paris par les Curé et Marguilliers de St-Gervais sur ce qu'un particulier de la Paroisse de St-Jean, aiant ordonné sa sépulture dans le Cimetière de St-Gervais les Curé et Marguilliers de St-Jean en aiant donné avis à ceux de St-Gervais et qu'ils prétendoient faire l'inhumation dans le d. Cimetière par le Clergé de la Paroisse de St-Jean, ce qui étoit une entreprise : Pourquoy ils ont conclu à ce qu'il fût ordonné au Curé de la Paroisse de St-Jean de présenter le Corps assisté de son Clergé à la porte de l'Eglise de St-Gervais pour y être reçu et enterré par le sieur Curé ou Vicaire de St-Gervais ; de l'ordonnance en suite, soient parties oüïes au Lendemain 9 heures du Matin, et de L'assignation donnée en conséquence au sieur Curé de St-Jean le tout sous la datte du 9 avril 1685.

On ne trouve point la suite de ces différentes affaires.

Les dattent prouvent que les cas dont il est question arrivoient des ces tems-la rarement, ils sont encore plus rares aujourd'huy, mais la Tradition subsiste jointe aux actes.

C'est sur ce Fondement que la Paroisse St-Jean va tous les ans le jour de Rameaux en procession au Cimetière St-Gervais (1).

Pièce justificative no 2

Règlemens des droits deubs et appartenans à l'Œuvre et Fabrique de l'Eglise paroissiale de Saint-Gervais et Saint-Prothais à Paris. Fait et dressé par les marguilliers en charge, le 24 février 1675 à Paris, chez Nicolas Mazuel, Rue de la Huchette, à la petite Arbaleste, 1675.

. . . .

1. Registre manuscrit, grand in-f°, écrit pendant les années 1778 à 1780, portant le titre indiqué en tête de la présente pièce justificative, et conservé dans les Archives de l'Eglise Saint-Gervais.

Charniers

Pour l'ouverture de terre sous les charniers, pour les grands corps en cercueil ordinaire. cinq livres.

Les enfans jusques et au-dessous de douze ans, trois livres.

Pour les grands corps en cercueil de plomb, sous les charniers, quinze livres.

Les enfans en cercueil de plomb, jusques et au-dessous de l'âge des dits douze ans, sept livres dix sols.

Pour les corps au-dessus de l'âge de douze ans, sera payé le droit comme grands corps.

Cimetière

Pour l'ouverture de terre dans le cimetière, rien.

Bouts de l'an

Pour Paremens et souvenirs.

Nota. — Pour les bouts de l'an des défunts enterrez dans l'Eglise, chapelle de la communion et autres chapelles, sous les charniers et dans le cimetière de Saint-Gervais, ne sera payé que moitié des dits droits de Paremens argenterie et sonneries.

. . . .

Au fossoyeur et sonneur

Pour les bierres à six pans cimentées, et port, sera payé sept livres.

Pour les Bierres en dôme, de quatre jusques à six pieds de long, cimentées, et le port, sera payé cent sols.

Pour les Bierres plates, communes et ordinaires, cimentées s'il y eschet, et le port, sera payé quatre livres.

Pour les Bierres des enfans, depuis quatre ans jusques au dessous de douze ans, sera payé cinquante sols.

Pour celles au dessous de quatre ans, trente sols.

Pour le vin de la grosse sonnerie, trois livres quatre sols.

Pour celuy de la deuxième, quarante huit sols.

Pour celuy de la troisième, quarante sols.

Et pour la quatrième, vingt sols.

Pour faire la fosse dans l'Eglise, chapelle particulière, chapelle de la Communion, et sous les charniers, soit qu'il y ait cave, tombe, on non, descente de corps, port d'Escabelles et représentation aux maisons, réception à l'Eglise, et descente de corps dans la fosse, restablissement dans la dite fosse, ports et rapports de poille et argenteries aux maisons ; sera payé au fossoyeur pour luy et ses aydes, pour leurs salaires du contenu au présent article, si le corps est en cercueil et Bierres ordinaires, la somme de neuf livres.

Pour les choses dites en l'article cy-dessus, si le cercueil est de plomb, sera payé quinze livres.

Pour faire la fosse dans le cimetière et les autres choses portées au pénultième article, sera payé trois livres.

Pour les enfans au-dessous de douze ans qui serront enterrez en l'Eglise, en cercueil ordinaire sera payé quatre livres dix sols.

Et si les corps sont portez en autre église, sera payé au fossoyeur le mesme droit que si les corps estoient enterrez en la parroisse.

Pour la fosse d'un enfant enterré avec Prestre et Clerc, la descente et port du corps, sera payé vingt sols.

Pour les convois et enterremens de charité, ne sera payé aucune chose.

Bouts de l'an

Pour la représentation, et autres peines du fossoyeur, sera payé trente sols.

Ne poura, le dit fossoyeur et sonneur, demander ny recevoir plus grands droits que ceux susdits, à peine de destitution (1).

Pièce justificative, n° 3

Règlement des droits deus et appartenans à l'œuvre et fabrique de l'Eglise Paroissiale de Saint-Gervais et de Saint-Prothais à Paris, aux mariages, convois, Enterremens et bouts de l'an qui se feront en l'Eglise, chapelles, charniers et cimetière de la dite Eglise, et des droits des Fossoyeurs et Sonneurs. Fait et arrêté par Messieurs les Marguilliers en charge... omologué par arrêt du 4 juillet 1709. A Paris chez Nicolas Mazuel, rue de la Vieille Bouclerie, 1709.

1. *Archives Nationales*, L. 651.

Convois

Pour les Paremens Mortuaires, au chœur, chapelles des Dames et autres :
Pour les beaux paremens noirs, compris le beau Poelle, qui ne sort point de l'Eglise, et se met sur la représentation, la somme de 40 livres.
Pour la chapelle des Dames, 12 livres.
Pour le Poelle qui sert à couvrir le grand Tableau, 8 livres.
Pour les seconds paremens, compris le Poelle, 30 livres.
Pour la chapelle des Dames, 8 livres.
Pour les troisièmes paremens, 12 livres.
Pour le Poelle, 8 livres.
Pour la chapelle des Dames, 6 livres.
Pour les quatrièmes paremens, 6 livres.
Pour le Poelle, 5 livres.
Pour la chapelle des Dames, 4 livres.
Peur le Poelle des Petits chœurs, 3 livres.
Pour le Poelle qui sert au dépost et transport au Carrosse, 4 livres.

Argenteries

Pour la grande Croix qui se met sur l'Autel, quatre livres.
Pour la Croix d'argent, soit en l'Eglise, soit aux maisons pour les veilles. soit au dépost, dans l'Eglise, vingt sols.
Pour chacun chandelier servant à l'Eglise, soit aux dépost, soit aux maisons, pour les veilles, dix sols.

Sonneries

Pour la grosse sonnerie, trente livres.
Pour la seconde sonnerie, vingt livres.
Pour la troisième sonnerie, douze livres.
Pour la quatrième sonnerie, composée de deux cloches et des quatre petites, six livres.
Et si aucun demande la sonnerie de la grosse cloche seule, sera payé comme pour la troisième sonnerie, douze livres.

Sépultures

Pour l'overture de terre dans le chœur :
En coffre de plomb, 80 livres.

En coffre de bois, 40 livres.

Pour l'ouverture de terre dans l'Eglise :

En coffre de plomb, 60 livres.

En coffre de bois, 30 livres.

Pour les enfans au-dessous de l'âge de huit ans, moitié des dits droits cy-dessus réglez.

Pour l'ouverture de terre sous les charniers :

En coffre de plomb, 30 livres.

En coffre de bois, 15 livres.

Pour les enfans au-dessous de huit ans, moitié des dits droits.

Pour ceux qui ordonneront par leur testament ou autre disposition, estre inhummés dans le cimetière, sera pris pour ouverture de terre, moitié des dits droits de l'ouverture en l'Eglise.

Et au surplus pour l'ouverture de terre dans le cimetière, ne sera payé aucune chose.

Bouts de l'an

Pour paremens et sonneries :

Pour les bouts de l'an des deffunts enterrez, dans l'Eglise, chapelle de la Communion et autres chapelles, sous les charniers et dans le cimetière, il ne sera payé que moitié des dits droits des paremens, argenteries, et sonneries.

. . . .

Fossoyeurs et Sonneurs

Sera payé au fossoyeur pour lever la Tombe, en l'Eglise, faire la fosse et la rétablir, fournir la bierre, dessente du corps, port du Poelle, Argenteries à la maison, ports des Escabelles et pour ses peines, 13 livres.

Sous les charniers, pour les mêmes droits, ne sera payé que 10 livres.

Et dans le Cimetière, 7 livres.

Et pour les enfans dans l'Eglise, sera payé demy droit : 6 livres.

Pour la descente du cercüeil de plomb, ouverture de cave et rétablissement, chargment de carrosse, et ais à plomb et autres choses nécessaires, 15 livres.

Pour le vin de la grosse sonnerie, 3 livres 4 sols.

Pour celuy de la seconde sonnerie, 2 livres 8 sols.

Pour celuy de la troisième, 2 livres.

Pour celuy de la quatrième, 1 livre.

Si les corps sont portez en autre église, sera payé au Fossoyeur les deux tiers des droits seuleument.

Pour les convois et Enterremens de charité, ne sera payé aucune chose.

Ne pourront, les Fossoyeur et Sonneur, demander aucuns droits que ceux cy-dessus exprimez, à peine de destitution.

. . . .

Ce règlement fut adopté par le Conseil de fabrique de Saint-Gervais composé de :

M. François Feu, Docteur en Théologie, Curé de ladite Paroisse,

Charles de Benoise, Conseiller du Roi en ses Conseils,

Jean Peret, Ecuyer, Secrétaire du Roi,

Le Normand, Fermier Général,

Christophle Brosseau

Charles Droüart, Procureur au Parlement,

Pierre Le Paige, Procureur au grand Conseil,

Antoine Le Moyne, Notaire au Châtelet,

Nicolas Taboué, notaire au Châtelet,

Jacques Nouëtte,

Pierre-Pons Négre, Procureur à la Cour.

Aspais-le-Franc, Procureur à la Cour.

François de Monthere, marchand, bourgeois de Paris,

Marin Jousset	*Idem*
Nicolas Buffier,	*Idem*
Jean-Charles Angot,	*Idem*

Roch Hubert, Procureur au Chastelet de Paris.

Tous anciens marguilliers et notables de ladite paroisse (1).

. . . .

Pièce justificative nº 4

Extrait des papiers terriers du Roi, pour l'année 1700, indiquant les maisons et leurs habitants bordant le cimetière Saint-Gervais, sur les rues du Pourtour et des Barres.

Nota. — Les numéros sont ceux indiqués sur le registre terrier ; il se retrouvent dans l'atlas des plans.

Pourtour de l'Eglise Saint-Gervais

1. — Eschoppe en deux boutiques adossées contre le portail de l'Eglise

1. Bibliothèque Mazarine, 18.824. E.

St Gervais faisant le coin du dit Pourtour et de la ruë de Lonpont, appartenant à la fabrique du dit St Gervais, occupée par M. Deron, M^e horloger.

2. — Est l'une des portes des charniers du Cimetière St Gervais par lesquels charniers on entre à l'Eglise.

3. — Maison et deux boutiques à la fabrique du dit St Gervais, occupée par M. Hoccare ferblantier.

4. — Maison et boutique, appartenant *idem*, occupée par M. Richoin, foureur.

5. — Maison et boutique, appartenant *idem*, occupée par M. Brive, cordonnier.

6. — Maison et boutique, appartenant *idem*, occupée par M. Boilo, perruquier.

7. — Maison et deux boutiques, appartenant *idem*, occupée par M. Monné, cordonnier, Bris, tailleur, et Darlime, potier d'estaim.

8. — Maison et boutique, appartenant *idem*, occupée par M. Bonnin, miroitier, à l'enseigne du *Livre d'or*.

9. — Maison et deux boutiques, appartenant, *idem*, occupée par M. Mausin, orfèvre et Dufriche, ferblanquier (*sic*) à l'enseigne de *La Ville de Paris*.

10. — Maison et boutique, appartenant *idem*, occupée par la veuve Bastin à l'enseigne *Des trois mares d'or*.

11. — Est la porte des charniers de Saint Gervais.

12. — Maison et boutique, appartenant *idem*, occupée par M. Lafond, orfèvre, a pour enseigne : *La Reine de France*.

13. — Maison et boutique faisant le coin du dit Pourtour et de la rue des Barres, arpartenant *idem*, occupée par M. Matignion, chirurgien.

. . . .

Rue des Barres

19. — Maison faisant le coin de la rue des Barres et place Baudoyer, appartenant à la fabrique S. Gervais, occupée par M. Martinonq, M^e chirurgien.

20. — Maison appartenant à la fabrique de S. Gervais, occupée par M. le commissaire Hubert, a pour enseigne *L'Horme Saint-Gervais*.

21. — Maison appartenant à la dite fabrique S. Gervais.

22. — Maison appartenant à la fabrique S. Gervais, occupée par les ecclesiastiques de la paroisse,

25. — Maison appartenant à la fabrique S. Gervais, occupée par des ecclesiastiques.

24. — Maison appartenant à la fabrique S. Gervais.

25. — Est la petite porte de l'Eglise paroissiale S. Gervais (1).

. . . .

Pièce justificative n° 5

Constatation topographique du Cimetière

Aujourd'huy Lundi 18 avril 1763.

En présence de M. Dujardin, marguillier de l'œuvre et fabrique de la paroisse de Saint-Gervais, avons visité et mesuré le Cimetière de la d. paroisse qui est citué au nord de l'Eglise le long et joignant icelle à main gauche.

Il est de forme triangulaire, une grande croix de pierre au milieu.

Il est entourré de grandes maisons de toutes parts, scavoir au midy, de l'église, au nord d'une grande maison de quatre étages de haut et en retour dans le fond en la moitié de sa largeur, le surplus par les charniers élevés de deux étages au dessus de celui du rez-de-chaussée.

L'Entrée du d. Cimetière est à gauche du portail, fermé d'une porte et d'une grille de fer.

La fosse ouverte actuellement est dans l'angle du fond à gauche.

Les maisons qui l'entourent appartiennent à la fabrique, elles ont des vuës droites sur le d. Cimetière.

Il contient cent cinquante neuf toises de superficie.

Cy..... 159 toises :

Signé : E. Mouchet (2).

Pièce justificative n° 6

Procès-Verbal des Commissaires Mouricault et Porquet pour la visite du Cimetière de la paroisse de St Gervais

L'an mil sept cent soixante trois, Le lundy vingt-cinq avril, sur les trois heures de rellevée nous Jerosme Abraham Porquet et Thomas Mouricault, avocats

1. *Archives nationales.* Papiers terriers du Roi, année 1700 :
Registre, t. XII, Q¹ *, 1099, 10 D.
Atlas, t. XI et XII, réunis. Q¹ *, 1099, 10 C.
2. *Bibliothèque Nationale.* Manuscrit français. Collection Joly de Fleury.
Registre, n° 1208. L'original de cette pièce est aux Archives Nationales. S.3359.

en Parlement, Conseillers du Roy, commissaires enquêteurs et examinateurs
au chatelet de Paris, préposés pour la police au quartier de la Grève en exécution de l'arrest du Parlement du douze mars dernier a chacun de nous
envoyé par Monsieur le Procureur Général, le dix du présent mois, le dit arrest
portant que dans deux mois il sera adressé procès-verbal de l'Etat de chaque
Cimetière étants dans l'enceinte des limites de Paris, par les commissaires de
chaque quartier chacun endroit soy, lesquels procès-verbaux feront mention
de chaque Cimetière, de sa position relativement aux habitans, du tems
depuis lequel on y fait des sépultures et tous autres circonstances qui pour-
raient servir a en faire connoistre la comodité ou incomodité ;

Nous sommes transportés rue du Pourtour Saint Gervais au Cimetière de la
Paroisse Saint Gervais, qui est le seul situé dans l'étendue de notre quartier,
dans lequel cimetière nous avons été introduits par Philippe Guy, l'un des
domestiques de la dite paroisse, ou étants avons observé que le terrain de ce
Cimetière forme un triangle irregulier, au moyen de ce que la chapelle de la
Communion Et celle de Monsieur le Chancellier Boucherat qui ont leurs entrées
par l'église font hache dans le dit cimetière, que ce Cimetière contient cent
cinquante neuf toises de superficie, qu'il est entiérement entouré, savoir au
nord par un grand bâtiment appartenant à la fabrique de la dite Eglise, qu'on
nous a dit estre construit depuis environ trente ans au lieu et place d'é-
choppes qui appartenoient à la fabrique, au midy par l'aille gauche de la dite
église, au levant par plusieurs maisons appartenantes à la dite fabrique et dans
aucunes desquelles logent plusieurs prestres habitués à la dite parroisses,
sous lesquelles maisons sont pratiqués et construits des charniers destinés aux
catéchismes et à l'instruction des enfans, lesquels charniers ont une entrée
par le dit Cimetière, que l'entrée du Cimetière est au couchant, à gauche du
portail, fermée d'une porte pleine et d'une grille de fer.

Que le bastiment qui est au nord et dont les entrées donnent dans la rue
du pourtour et dans la place Baudoyer, ont des vuës droite sur ledit cimetière,
que les croisées des rez-de-chaussées sont garnies de barreaux de fer et que
ces rez-de-chaussées sont surmontés de quatre étages, que dans cette partye
de bastiment sont cinq conduits pour recevoir les eaux tant pluvialles
que des locataires, lesquels eaux ont leurs écoulements dans la rue,

Que les vuës des chapelles adossées à l'aille gauche de ladite église donnent pareillement sur ledit cimetière.

Que les maisons étantes au levant et au dessus desdits charniers ont pareillement des vuës droites sur ledit cimetière, qu'une de ces maisons est élevée
de quatre étages et les deux autres de trois et quelles ont leurs entrées par la
rue des Barres.

Avons trouvé au nord dudit cimetière une fosse commune qu'on nous a dit être ouverte depuis environ un mois et pouvoit avoir seize a dix huit pieds de profondeur sur six de large en quarré.

Enfin qu'il ne se peut faire dans toute l'étendue de ce cimetière tout au plus que dix fosses communes de la grandeur de celle que nous avons trouvé ouverte.

Et nous étant informé du tems depuis lequel on fait des sépultures dans ledit cimetière, il nous a été dit que l'on y enterre vraisemblablement depuis l'établisseument de ladite paroisse.

Dont et de quoy nous commissaires sus dits, avons fait et dressé le présent procès verbal pour servir et valloir ce que de raison, lequel est demeuré en la possession de nous Mouricault, et avons signé en fin de ces présentes.

Mouricault

Et le mercredi onze may au dit an mil sept cent soixante trois de rellevée, par devant nous Thomas Mouricault, avocat en Parlement, Conseiller du Roy, commissaire au Châtelet de Paris sont comparus sieur Jean Chouillou marchand parfumeur demeurant rue du Pourtour Saint-Gervais depuis quinze à seize ans dans le bâtiment appartenant à la fabrique Saint-Gervais, sieur Louis Margeant, Maître horloger à Paris, demeurant dans le mesme bastiment depuis environ vingt neuf ans, et Jacques Barthélemy Le Loultre, Ecuyer, avocat au Parlement, demeurant dans le mesme bastiment depuis environ dix ans, lesquels nous ont dit qu'ayant appris que nous nous étions transportés dans le Cimetière Saint-Gervais à l'effet d'en constater l'état, ils ont cruë devoir nous déclarer que les fosses communes qui se font dans ledit cimetière servent pendant trois à quatre mois, que pendant ce tems, surtout dans l'été après de grandes pluyes et orages, les fosses leur renvoyent des odeurs fades et des puanteurs qui les obligent de laisser fermer leurs croisées qui donnent sur le cimetière; qu'ils ont vu plusieurs fois et lorsque l'on faisait de nouvelles fosses communes qu'à une certaine profondeur les corps ne sont pas entièrement consommés, qu'on pourroit bien faire neuf à dix fosses communes dans le d. Cimetière; mais au moyen du terrein que l'on est obligé de réserver pour les fosses particulières, il ne s'y en peut faire tout au plus que sept à huit, en sorte que ne pouvant pas, vu le peu de terrein laisser les fosses communes un tems convenable sans servir, il n'est pas possible que la terre, imbibée d'un suc infect ne leur renvoye des odeurs fort incommodes et très désagréables ; que si l'on ne faisoit dans le cimetierre que des fosses particulières au moyen de ce qu'on les reboucheroit sur le champ ; ils n'en auroient point d'incommodités dont, et de tout ce que dessus, ils nous ont requis a été à eux octroyé pour servir et valloir ce que de raison et ont signé en cet endroit de notre minute.

A l'instant est comparue demoiselle Anne-Denise Ringard, veuve du sieur Jean-Baptiste Le Blanc, marchand orphèvre à Paris, demeurant dans le dit bâtiment appartenant à la fabrique Saint-Gervais, depuis vingt-deux ans passés, laquelle nous a déclaré que journellement elle est incommodée des mauvaises odeurs provenant du dit Cimetière, qu'elle ne peut à cause de ces mauvaises odeurs qui sont quelquefois si fortes qu'elle est obligée de se retirer sur le devant dans sa boutique et tenir fermées ses croisées qui donnent sur le Cimetière, conserver ny viande ny bouillon, que même pendant un esté entier, elle a esté privée de l'usage d'une armoire qui est pratiquée dans sa cuisine qui tire son jour du cimetière, que ces mauvaises odeurs se sont communiquées jusque dans la cave et ont gasté le vin et la bierre qu'elle y avoit ; delaquelle déclaration elle nous a requis acte à elle octroyé, et a signé avec nous en fin de nostre minutte, demeurée en nostre possession.

Rayé trois mots nuls au présent procès-verbal.

MOURICAULT (1)

Pièce justificative n° 7

*Mémoire de la Fabrique de Saint-Gervais sur la situation hygiénique
du Cimetière*

Mémoire présenté par Messieurs Les Curés et Marguillers de l'Eglise paroissialle de Saint-Gervais, en conséquence des délibérations des 24 avril et 8 may 1763, et pour l'exécution de l'arrest de la Cour rendu sur les conclusions de Monseigneur, le Procureur Général le 12 mars dernier, par lequel il est ordonné que dans deux mois les fabriques des paroisses dont dépendent les Cimetières seront tenues de fournir des mémoires sur l'Etat des d. Cimetières, où il sera fait mention :

1° De leur étendue ;

2° De leurs positions relativement aux habitations et circonstances qui pourroient servir à en faire connoistre la commodité ou incommodité ;

3° Du tems depuis lequel on y fait des sépultures, pour les dits mémoires

1. *Bibliothèque Nationale.* Manuscrit français. Collection Joly de Fleury. Registre, n° 1208.

èstre communiqués à M. le Lieutenant Général de police, et au substitut de M. le Procureur du Roy au Chatelet.

Conformément au plan cy raporté du cimetière de la ditte paroisse, il contient 159 toises de superficie, il est de forme triangulaire ayant à droitte de son Entrée l'Eglise, en face de la ditte entrée les charniers, au-dessus desquels sont des logemens dépendans de la fabrique, élevés de deux étages au-dessus du rez-de-chaussée et greniers lambrissés, et sur la gauche sont des bâtimens qui viennent jusques dans l'angle et au delà joindre les charniers, lesquels batimens sont élevés de quatre étages et appartiennent à la ditte fabrique.

1° Etendue.

Ce Cimetière est fort petit relativement au nombre de corps que l'on y enterre, en l'année finie à Pasques dernier, il a monté à 408; presque tous les convois qui s'y font sont convois de charité, dont les corps ne sont point portés à l'église, mais de suitte au Cimetière, quoy que l'on trouve le moyen d'y faire successivement jusqu'à quarante fosses communes, dont il s'en fait deux à trois par année, en sorte que la même fosse n'est réouverte que de 12 à 13 ans. Cependant il a par sa petitesse de grands inconvéniens.

1° En ce que pour trouver le moyen d'y faire ces 40 fosses, il en faut faire la plupart près les fondations soit de l'Eglise, soit des charniers, soit des maisons dépendantes de la fabrique, en sorte que tous les bâtimens en souffrent (1).

2° En ce que pour la même raison de réouvrir moins souvent les mêmes fosses, on est obligé de les creuser au dessous des fondations qui se trouvent à découvert, aux risques qu'avec le tems, il s'en détache des pierres, ce qui pourroit avoir de facheuses suittes.

3° Ces fosses si multiples ont encore l'inconvénient, que les terres des fosses voisines ne se trouvant pas assez raffermies, il est a craindre que les terres n'éboulent sur ceux qui creusent, sur quoy les fossoyeurs sont fort en garde,

4° Malgré cette grande quantité de fosses, il arrive encore, quelquefois, que soit par erreur sur le tems qu'il y a qu'une fosse a été ouverte, soit que quelque partie du terrein conserve les corps plus longtems, les fossoyeurs en creusant, rencontrent des cadavres non encore consommés, qu'ils sont obligés de rejetter dans la fosse qu'ils sont sur le point de refermer.

1. N.-B. — Comme il se voit à l'endroit de l'escalier qui monte à la tour où les murs d'une chapelle construitte anciennement et qui sert aujourd'huy d'arrière sacristie sont très ouverte (*sic*) et écartés, de même vers l'angle à gauche du fond du cimetière, les batiments neufs faits en 1733 ou 1734 ont tassés en cet endroit.

2º Position quant aux habitations.

Quant à la position du dit cimetière relativement aux habitations, des trois parties triangulaires, il y en a deux habitées, scavoir, parties au dessus des charniers par les Ecclésiastiques de la paroisse, le surplus par des particuliers qui doivent composer au moins 40 à 50 ménages, tous ces locataires sont, surtout l'été, très incommodés de la mauvaise odeur qui se répand dans l'air, et qui est sans doute plus concentrée par la hauteur de l'Eglise et des maisons, jusqu'au point qu'il n'est pas possible d'y rien conserver, pas même du bouillon sur les fenêtres ny dans les habitations, que les mauvaises exalaisons se font sentir même dans l'Eglise du costé qui avoisine le cimetière. En sorte que les paroissiens en ont fréquemment fait des plaintes tellement fondées que nous nous en sommes appercus nous mêmes, la nécessité d'un nouveau cimetière a été tellement reconnue par les paroissiens et partout le public que lors de l'avènement de M. de Saint-Gervais à la cure, il fut proposé de faire du Presbitere un Cimetiere pour laisser reposer celui qui subsiste, que cette proposition fut rejettée par des raisons qu'il est inutile de détailler icy.

3º Tems depuis lequel on y fait des Sepultures.

Il paroit que l'on a enterré de tems immémorial dans le d. Cimetière, et vraisemblablement aussy anciennement qu'il y a que l'Eglise subsiste, mais cela est à considérer bien differemment dans son origine, Le Cimetière est bien diminué de ce qu'il étoit, en prenant de l'entrée du d. Cimetière, il y a huit chapelles qui ont leur entrée par l'Eglise, qui ont été prises sur le d. Cimetière et faittes après coup lesquelles avancent depuis 8, 10, jusqu'à 15 pieds sur le d. Cimetière et dans toute sa longueur ; les charniers et la chapelle de la Communion ont aussi été pris vraisemblablement sur le d. Cimetière, encore de nos jours, au lieu des anciens bâtimens qu'avoit la fabrique au pourtour ayant vuë par derriere sur le Cimetière, qui ne consistoient qu'en de petites boutiques peu profondes et un etage au dessus, les batimens que l'on y a fait construire ont pris sur le Cimetière 5 ou 6 pieds au moins sur toute sa longueur, et l'exaucement des d. batiments qui ont aujourd'huy quatre etages et greniers, rend le d. Cimetière bien plus concentré qu'il n'étoit autrefois, d'ailleurs le terrain s'exauce insensiblement, en sorte que l'on est obligé de tems a autres d'enlever des terres ; toutes ces raisons et motifs joints, que la terre du d. Cimetière est, suivant l'expression de Monsieur l'avocat Général, pour ainsi dire rassasiée de funérailles, avoient déterminé la fabrique de Sᵗ Gervais, et celle de Sᵗ Jean qui est dans le même cas, de traiter ensemble des moyens de se procurer un Cimetière aux confins de la ville le plus prochain du district de leur paroisse, et ce projet a été suspendu dans son exécution par l'arrest de la Cour qui donne lieu à ce mémoire.

Les marguillers de l'une et de l'autre paroisse attendant les sages résolutions de la Cour a ce sujet pour s'y conformer. *Observent* néanmoins, que tous ces inconvéniens cesseroient si la fabrique étoit pourvuë d'un cimetière pour les fosses communes, le cimetière actuel étant très suffisant pour les fosses particulières qui s'y font, et qui sont remplies et comblées sur le champ.

Fait et arresté au Bureau de la d. fabrique en l'assemblée tenue le Dimanche 8 may 1763.

> *Signé* : BOUILLEROT, curé de St Gervais ; DEMALEZIEU ; TESTART DULYS ; BARBEY ; J. DUJARDIN ; LABBÉ ; SIFFLET ; BRISSEAUT ; LELARGUE ; D'AZTINVILLE ; R. COLIN ; P. PAYEN ; BAZARD ; TISSERAND ; BORDIER ; DESHAYES ; LEQUEUX ; DIGUË ; RUSSEAU ; ATHIS ; TOUJARE (1).

Pièce justificative n° 8

Décret du 7 septembre 1792, rendu par l'Assemblée Nationale législative, sur le rapport de Basire, interdisant l'enlèvement des cercueils de plomb pour fabriquer des balles.

L'Assemblée Nationale, instruite que plusieurs citoyens se sont portés dans les églises à l'effet de s'emparer des cercueils de plomb pour fabriquer des balles ; considérant que cette manière extrême ne répond pas à la grandeur de nos moyens dans les circonstances, et qu'elle ne pourrait être employée qu'avec de grandes précautions pour le maintien de la salubrité dans la ville de Paris.

« Decrète qu'il est interdit à tout citoyen de se porter davantage dans les églises pour en retirer les cercueils de plomb, et charge la Municipalité de Paris de prendre sur-le-champ, de concert avec les hommes de l'art, toutes les mesures nécessaires pour arrêter les progrès du méphitisme qui pourrait se manifester dans les lieux où l'on a déjà faits quelques exhumations. » (2).

1. *Bibliothèque Nationale.* Manuscrit français. Collection Joly de Fleury. Registre n° 1208. L'original de cette pièce et aux *Archives nationales*, S. 3359.
2. Archives Parlementaires. Paris, Paul Dupont, 1896, t. XLIX, p. 445.

Pièce justificative n° 9

Inscriptions funéraires provenant du Cimetière Saint-Gervais

A l'occasion de travaux d'égouts exécutés il y a quelques années dans le sol de l'ancien cimetière Saint-Gervais, non loin de l'église et dans le long couloir qui la borde, les inscriptions ci-après ont été retrouvées. Elles sont entre les mains de M. l'abbé Gauthier, curé de la paroisse, qui veut bien nous permettre de les reproduire ci-après :

CY GIST Mre JEAN DE DONON
CHEVA^{er} SEIG^r DE MONGERON
QUI DECEDA LE 30 OCTOBRE
1669 AAGÉ DE 74 ANS
Cuivre — Haut. 0^{m}23 ; larg. 0^{m}09

ICY EST LE CORPS DE MESSIRE
CHARLES DURET CHEVALIER SEIGNEUR
DE CHEVRY CONSEILLER DU ROY
PRÉSIDENT EN SA CHAMBRE DES COMPTES
DE PARIS, CY DEVANT SECRETAIRE ET
COMMANDEUR DES ORDRES DE SA MAJES-
TÉ, DÉCÉDÉ EN SA 85e ANNÉE LE 6^e
JANVIER 1700.
REQUIESCAT IN PACE
Cuivre — Haut. 0^{m}21 ; larg. 0^{m}16

HAUTE ET PUISS^{te} DAME
DAME MARIE ANNE
DUPUY DE MURINAIS
V^e DE HAUT ET PUISS^t
Sr Mre HENRY
DE MAILLÉ CHEVALIER
MARQUIS DE CARMANT
DÉCÉDÉE LE 7 JUILLET
1707 AGÉE DE 58 ANS.
Cuivre — Haut. 0^{m}19 ; larg. 0^{m}15

Cy gist Mre Pierre Langlois, chevalier Seigneur de la Fortelle. Nesle
Richebourg, et autres lieux, Con^{er}
du Roy en ses Conseils, Président
en sa Chambre des Comptes, et Secretaire de sa Majesté, décédé le 13 de
juin 1719. Âgé de 62 ans.
Requiescat in Pace

Cuivre — Haut. 0^m22 ; larg. 0^m16

Icy est le corps de Messire Nicolas Fraguier, chevalier Seigneur
du Mée, Conseiller du Roy en sa
Cour de Parlement et Grande
chambre d'icelle, décédé en son
Chateau du Mée, près Melun, le
17 Novembre 1721. Âgé de 69 ans.
Requiescat in Pace.

Cuivre — Haut. 0^m20 ; larg. 0^m15

Icy est le corps de dame Marie Fran-
çoise, louise Thérèse Humbert,
Veuve de Messire Pierre Langlois
Seigneur de la Fortelle Président
en la chambre des Comptes, décédée
le 25 janvier 1722. Agée de 55 ans.
Requiescat in Pace

Cuivre — Haut. 0^m21 ; larg. 0^m16

Cy gist Haute et Puissante
Dame Madame Henriette-Mag-
delaine Julie de Fontaine Mar-
tel, Veuve de Haut et Puissant
Seigneur Messire Charles-
François Marie Marquis d'Estaing,
Colonel d'Infanterie, Lieutenant
Général de Verdun et du

VERDUNOIS, ET NOMMÉ **EN** SUR-
VIVANCE AU GOUVERNEMENT DE
DOUAY, DÉCÉDÉE LE 19 MAY 1733
EN LA 37ᵉ ANNÉE DE SON AGE.
REQUIESCAT IN PACE.

Cuivre. — Haut. 0ᵐ19 ; larg. 0ᵐ13

Pièce justificative n° 10

Lettres de faire part d'inhumations à Saint-Gervais

La bibliothèque historique de la ville de Paris possède un certain nombre de lettres de faire part d'inhumations dans les églises et cimetières parisiens au XVIIIᵉ siècle. Nous avons relevé toutes celles concernant Saint-Gervais et nous en donnons les extraits ci-dessous. Il est curieux de constater qu'aucune de ces lettres n'indique l'inhumation dans le cimetière ; la formule consacrée, qui est à peu près la même pour toutes, ne parle que de l'église et invite à assister aux obsèques de telle ou telle personne : « qui se feront en l'église de Saint-Gervais, sa paroisse, où le défunt sera inhumé. » Il est pourtant certain que beaucoup, parmi les décédés mentionnés dans les lettres dont il s'agit furent enterrés dans le cimetière.

Il nous paraît superflu de signaler, au point de vue de l'histoire de Paris, l'importance de ces faire-part dont un très grand nombre est collectionné par les bibliothèques et archives parisiennes, et par certains amateurs. Ils constituent croyons-nous, une mine encore inexplorée au point de vue des noms des personnages, de l'énoncé de leurs qualités, de la date de leur décès et de l'indication de leur domicile.

On en jugera par les extraits suivants relatifs à Saint-Gervais :

— Damoiselle Anne Robin, épouse de Messire Richer, entrepreneur de bâtiments à Paris, rue des Ecouffes, 19 avril 1718 (1).

— Dame Catherine-Antoine Hérjnx, veuve de Messire Alexandre Mandat, Conseiller du Roi en ses Conseils, Maître ordinaire en sa chambre des Comptes, rue du Pont-aux-choux, 5 février 1728.

— Messire Louise-Denis de Riancey, Chevalier, Conseiller du Roi en ses

---

1. Les dates indiquées sont celles des obsèques à Saint-Gervais. La rue est celle du ou de la décédeé.

Conseils, Maître ordinaire en sa chambre des Comptes, Vieille-rue-du-Temple, 9 octobre 1729.

— Messire Pierre-Jacques Brillon, Ecuyer, Avocat en Parlement, ancien Echevin, Auditeur général des bandes Suisses, Conseiller au Conseil Souverain de Dombes, Intendant général des maisons, affaires, domaines et finances de leurs Altesses Sérénissimes Messeigneurs les princes de Dombes et Comte d'Eu, rue Barbette, 30 juillet 1736.

— Haute et puissante Dame Françoise-Yvonne de la Vogadre, veuve de haut et puissant Seigneur, Comte de Moulineau, Seigneur du Fay, Brigadier des Armées du Roi, Capitaine aux gardes françaises, Gouverneur des ile, ville et citadelle d'Oléron, Chevalier de Saint-Louis, rue Saint-Louis-au-Marais, 21 mai 1736.

— Messire Jacques-Etienne Canaye, Conseiller du Roi en tous ses Conseils, Maître des Requêtes ordinaires de son hôtel, rue Neuve-Saint-François, au Marais. 3 juillet 1732.

— Messire Antoine-Denis Peltyer, Conseiller du Roi, Auditeur ordinaire en sa chambre des Comptes, rue du Roi-de-Sicile, 17 septembre 1737.

— Messire Félix-René Duquesnay, Ecuyer, Seigneur de Boisguibert, Conseiller du Roi, Auditeur ordinaire en sa chambre des Comptes, rue Vieille-du-Temple. 30 mai 1743.

— Messire Cardin, maître boulanger, bourgeois de Paris, ancien confrère des confréries de Jérusalem, du Saint nom de Jésus et de Saint-Eutrope, rue Vieille-du-Temple, 20 janvier 1748.

— Messire Pierre de Villepaux, Chevalier, Seigneur de Mareuil et autres lieux, Lieutenant de Roi d'Hesdin, Commandeur de Saint-Louis, ancien Capitaine aux gardes françaises, en son hôtel rue Saint-Louis-au-Marais, 1er mai 1751.

— Dame Marie Silvie Gaultier de Montdorge, épouse de Philippe Robert Sanson, Ecuyer, Conseiller du Roi, Receveur et Contrôleur général des consignations au Parlement, Châtelet et autres cours et juridictions, rue Vielle-du-Temple, 28 décembre 1755.

— Messire Claude-René Lelong, Conseiller du Roi en ses Conseils, maître ordinaire en sa chambre des Comptes, rue Geoffroy-l'Asnier, 17 janvier 1755.

— Messire Joachim Le Mairat, Chevalier, Conseiller du Roi en ses Conseils, Président en sa chambre des Comptes, Marquis de Bruyères, Seigneur de Praville, Viabon, Barbey et autres lieux, en son hôtel rue des Francs-Bourgeois, 16 avril 1755.

— Dame Edmée Geneviève Vallier, veuve de Messire Joachim Le Mairat, chevalier, Marquis de Bruyères-le-Châtel, baron d'Offin, Seigneur de Praville et autres lieux. Conseiller du Roi en ses Conseils, Président en sa Chambre des Comptes, en son hôtel, rue des Francs-Bourgeois, 30 Septembre 1765.

— Messire Jean-Robert Sanson, Ecuyer, Conseiller du roi, Receveur et Contrôleur général des Consignations des Conseils du Roi, Parlement de Paris, et autres cours, rue Vieille-du-Temple, 23 Décembre 1753.

— Damoiselle Anne-Jacqueline Dugué-Bagnols, en son hôtel, rue Clocheperche, 5 mai 1757.

— Dame Françoise-Marie Terray, Epouse de Messire Vital-Auguste de Grégoire, Comte de Nozières, brigadier des Armées du Roi, en son hôtel rue de Jouy. 3 Septembre 1766.

— Messire Robert Langlois, chevalier, Seigneur de la Fortelle et autres lieux, Conseiller du Roi en ses Conseils, Président en sa Chambre des Comptes, Conseiller honoraire de la Grand'Chambre du Parlement, et doyen des Conseillers de l'Hôtel-de-Ville de Paris, en son hôtel, rue des Francs-Bourgeois, 14 Novembre 1765.

— Jacques Testart Duluys, Ecuyer, rue des Ecouffes, 27 mai 1760.

— Messire Pierre-Remy Grégoire, Avocat en Parlement, Conseiller du Roi en l'élection, rue des Ecouffes, 26 Octobre 1769.

— Dame Jeanne Gressier, veuve de Messire Philippe-Bernard Maigret, Trésorier de France au Bureau des Finances de la Généralité de Paris, et Commissaire du Conseil pour les ponts et chaussées, rue Saint-Louis-au-Marais, 4 Juin 1772.

— Messire Nicolas Charles Domilliers, chevalier, ancien Capitaine au Régiment de Béarn, chevalier de Saint-Louis, rue du Parc-Royal, 24 Décembre 1773.

— Damoiselle Marguerite Thérèse Gontier, épouse de M. Tocssart, peintre et bourgeois de Paris, rue Saint-Louis, 14 Juillet 1773.

— Messire Alexandre Poula, chevalier, Seigneur de Quincy et autres lieux, Maître des Requêtes, Intendant du Commerce, Secrétaire des Commandements de Madame, Doyen de quartier et Président des Requêtes de l'Hôtel, en son hôtel rue Neuve-Saint-François, 7 Décembre 1776.

— Messire Jean Louis Richard, chevalier, Seigneur de Lyons, Préneuf et autres lieux, Conseiller du Roi, Greffier en chef Criminel, et Trésorier honoraire de son Parlement, en son hôtel, rue des Rosiers-au-Marais, 4 mars 1777.

— Dame Renée Félicité Le Nain, épouse de Messire Pierre Terray de Rozières, chevalier, Conseiller du Roi en ses Conseils, Procureur Général de la Cour des aides de Paris, Maître des Requêtes ordinaire de l'Hôtel du Roi, et Seigneur de Rozières et autres lieux, en son hôtel, rue de Jouy, 14 février 1778.

Dame Marie-Françoise Brion, veuve de Marie-Jacques Lavergne, Seigneur de

Boulancourt, Ecuyer, Conseiller, Secrétaire du Roi, Maison, Couronne de France, et de ses Finances, rue Saint-Louis-au-Marais, 6 juillet 1779.

— Dame Catherine Nugues, veuve de Messire Vivant Micault, Ecuyer, ancien Commissaire général des Poudres et Salpêtres, Dame de Saligny en Bourbonnais, de Veuille, Villantrois, Lye en Berry, et autres lieux, rue Saint-Louis-au-Marais, 5 décembre 1785.

Voici, pour finir, le faire-part in-extenso du Curé de la paroisse, en 1784 ;

« Vous êtes priés d'assister aux Convois, Service et Enterrement de Vénérable, Discréte et Scientifique Personne, Messire Rolland-Thomas Bouillerot, Docteur en Théologie de la Faculté de Paris, Censeur royal, Curé de la Paroisse de Saint-Gervais, décédé en sa maison Presbytérale, qui se feront Mardy 25 mai 1784, à neuf heures du matin, en la dite Eglise, où il sera inhumé.

« Aux messes qui se diront le même jour depuis sept heures jusqu'à midi.

« Et aux vêpres et vigiles des morts qui se diront la veille à trois heures après midi — *De pronfundis.*

« De la part de Messieurs et Médemoiselles Bouillerot, ses frères et sœurs, et de Mademoiselle Bouillerot, sa cousine. »

TABLE DES CHAPITRES

Chapitre I

Les premières tombes antiques. — Les prétentions de la paroisse de
Saint-Jean-en-Grève sur le cimetière de Saint-Gervais. — Les démêlés des deux clergés. — Les inhumations de l'Hôtel-Dieu Saint-Gervais   1

Chapitre II

La clôture du cimetière. — Les étaux et le marché aux alentours pen-
dant les xive et xve siècles. — Les premières échoppes de 1477. —
Construction des maisons fabriciennes en bordure du cimetière. —
Balcons en fer forgé et orme Saint-Gervais.   9

Chapitre III

Charniers et épitaphes. — Les anciens règlements relatifs aux sépultures.
— Utilisation actuelle des ossuaires. — Les emprises sur le cimetière. — Cercueils de plomb. 21

Chapitre IV

La grande enquête sanitaire de 1763. — L'insalubrité du cimetière Saint-
Gervais. — Les prescriptions du Parlement concernant les inhumations hors de Paris. — Les cimetières pendant la Révolution. — La
vente finale du cimetière Saint-Gervais et la démolition de la chapelle de la Communion 30

Pièces justificatives

Nº 1. — Inventaire général des chartes et titres de la fabrique de Saint-
Jean-en Grève depuis et compris le mois de janvier 1212, époque de

son érection en cure, jusqu'au tems présent et de ceux de la charité des pauvres de la paroisse: fait et rédigé ès années 1778, 1779 et 1780.   43

N° 2. — Règlemens des droits deubs et appartenans à l'Œuvre et fabrique de l'église paroissiale de Saint-Gervais, et Saint-Prothais à Paris. Fait et dressé par les marguilliers en charge, le 24 février 1675, à Paris chez Nicolas Mazuel, rue de la Huchette, à la petite Arbaleste, 1675.   45

N° 3. — Règlement des droits deus et appartenans à l'œuvre et fabrique de l'église paroissiale de Saint-Gervais et de Saint-Prothais à Paris, aux mariages, convois, enterremens et bouts de l'an qui se feront en l'église, chapelles, charniers et cimetière de ladite Eglise, et des droits des fossoyeurs et sonneurs. Fait et arrêté par MM. les marguilliers en charge... omologué par arrêt du 4 juillet 1709. — A Paris, chez Nicolas Mazuel, rue de la Vieille Bouclerie, 1709. . .   47

N° 4. — Extrait des papiers terriers du roi, pour l'année 1700, indiquant les maisons bordant le cimetière Saint-Gervais, sur les rues du Pourtour et des Barres.   50

N° 5. — Constatation topographique du cimetière   52

N° 6. — Procès-verbal des commissaires Mouricault et Porquet pour la visite du cimetière de la paroisse Saint-Gervais   52

N° 7. — Mémoire de la fabrique de Saint-Gervais sur la situation hygiènique du cimetière   55

N° 8. — Décret du 7 septembre 1792 rendu par l'Assemblée nationale législative, sur le rapport de Basire interdisant l'enlèvement des cercueils de plomb pour fabriquer des balles   58

N° 9. — Inscriptions funéraires provenant du cimetière Saint-Gervais .   59

N° 10. Lettres de faire part d'inhumations à Saint-Gervais.   61

Imp. Bonvalot-Jouve, 15, rue Racine, Paris.

www.ingramcontent.com/pod-product-compliance
Ingram Content Group UK Ltd.
Pitfield, Milton Keynes, MK11 3LW, UK
UKHW021446090726
13657UKWH00003B/1243